中国能源革命进展报告

能源体制革命

（2024）

国务院发展研究中心资源与环境政策研究所　编著

北　京
冶金工业出版社
2024

图书在版编目（CIP）数据

中国能源革命进展报告. 能源体制革命 ：2024 / 国务院发展研究中心资源与环境政策研究所编著. -- 北京 ：冶金工业出版社，2024. 9. -- ISBN 978-7-5024-9937-2

Ⅰ. F426.2

中国国家版本馆 CIP 数据核字第 20246FX045 号

中国能源革命进展报告　能源体制革命（2024）

出版发行	冶金工业出版社	**电　　话**	(010)64027926
地　　址	北京市东城区嵩祝院北巷 39 号	**邮　　编**	100009
网　　址	www. mip1953. com	**电子信箱**	service@ mip1953. com

责任编辑　曾　媛　美术编辑　彭子赫　版式设计　郑小利

责任校对　郑　娟　责任印制　禹　蕊

三河市双峰印刷装订有限公司印刷

2024 年 9 月第 1 版，2024 年 9 月第 1 次印刷

787mm×1092mm　1/16；14 印张；248 千字

定价 100.00 元

投稿电话　(010)64027932　投稿信箱　tougao@cnmip. com. cn

营销中心电话　(010)64044283

冶金工业出版社天猫旗舰店　yjgycbs. tmall. com

（本书如有印装质量问题，本社营销中心负责退换）

《中国能源革命进展报告　能源体制革命(2024)》
编　委　会

前　　言

新时代十年，中国稳步推进能源体制机制改革。2014 年 6 月，习近平总书记在中央财经领导小组第六次会议上，提出了要抓紧制定 2030 年能源生产和消费革命战略，推动能源消费革命、能源供给革命、能源技术革命、能源体制革命和全方位加强国际合作，这为中国能源全面绿色转型和高质量发展提供了根本遵循。推动能源体制革命，打通能源发展快车道，是中国能源高质量发展的内在要求，更是新时代中国统筹能源转型和发展的关键点、发力点。2014—2024 年这十年，中国能源市场化水平全面提升，内资市场、外资市场准入进一步放宽，民间投资持续壮大，投资主体更加多元；能源价格市场化持续推进，竞争性环节价格进一步放开，电力、油气网络环节科学定价制度初步建立；能源领域营商环境不断优化，市场活力明显增强，市场主体和人民群众办事创业更加便利；能源改革和法治建设协同推进，能源法律体系不断完善。

中国推动能源体制革命要求坚定不移推进改革，还原能源商品属性。新时代推动能源体制革命，建设统一开放、竞争有序、制度完备、治理完善的高标准能源市场体系，是使市场在资源配置中起决定性作用的基础；新时代推动能源体制革命，形成企业自主经营、公平竞争，消费者自由选择、自主消费，商品和要素自由流动、平等交换的现代能源市场体系，是新型能源体系建设的重要目标；新时代推动能源体制革命，构建能源市场机制有效、微观主体有活力、宏观调控有度的现代能源体系，是新型能源体系建设的内在要求。要加快完善能源资源配置方式，在资源配置上由行政手段为主改为经济手段为主，通过市场竞争获取资源。还原消费者权利，全面放开用户选择权，赋予用户对能源产品的自主选择权，消费者可按需自主、高效、清洁、低成本用能，创造美好生产生活环境。

绿色低碳成为全球能源发展主旋律，绿色转型发展需要体制机制提供强有力的支撑。各国争相推动经济“绿色复苏”，加快能源转型和碳减排已成为世界各国共识，超过 130 个国家和地区提出了碳中和目标，全球应对气候变化开启新征程。此外，能源安全新旧风险交织，中国油气资源短板仍然突出，地缘政治事件、国际油价大幅波动等风险因素长期存在，绿色转型过程中能源供应区域性、时段性紧张问题时有发生等。这些促使我们深化能源体制改革，理顺价格机制，确保能源绿色低碳转型积极稳妥推进。

深化能源体制改革，创造更好制度环境支持能源创新发展。创新引领能源发展作用更加凸显，全球科技创新进入空前密集活跃期，正在重构全球能源创新发展新版图。新能源、非常规油气、先进核能、智慧能源、新型储能、氢能等新兴能源技术正以前所未有的速度加快迭代，成为全球能源转型变革的核心驱动力。深化能源体制机制改革，打好新型能源体系关键核心技术攻坚战，支撑培育能源新质生产力，加快形成同新质生产力更相适应的生产关系，基本实现能源治理体系和治理能力现代化，推动能源高质量发展。

推动能源体制革命必须更加注重改革实效，以钉钉子精神抓好改革落实。一要进一步完善市场体系和优化能源市场结构，从油气产业链、电力产业链、一次能源到加工转换到终端消费上中下游全方位推进改革，逐步实现生产、输送、配送、销售业务的合理有效分离，构建主体多元的竞争市场格局，建立起准入公平、主体多元、竞争有效的能源市场交易体系。二要完善主要由市场供求关系决定价格水平的价格机制，把政府定价严格限定在自然垄断环节、重要公用事业等必要范围内。推进石油、天然气、电力等领域价格改革，综合考虑生产成本、社会可承受能力等因素，优化居民阶梯电价、气价制度，完善成品油定价机制，理顺价格关系，增强价格弹性，促进能源资源节约和高效利用。三要深化能源管理体制改革。建立现代能源管理体系，创建市场与政府边界清晰、权责明确、高效透明、公平公正、监管有力的能源管理体制和监管体系。四要构建一套完整的能源法律法规和标准体系，形成科学有效的立法、司法、执法和依法行政的法治体制，发挥法治在能源领域治理和管理中的作用，为经济社会全面绿色转型和高质量发展提供强力支撑。

本报告对近十年中国能源体制革命的实践探索及取得的进展进行系统梳理和总结，并立足新发展阶段，根据二十届三中全会精神，中共中央、国务院关于加快建设新型能源体系的要求和推进新一轮电力体制、油气体制改革精神，展望中国如何进一步深化能源体制改革，如何将中国制度优势更好地转化为国家能源领域治理效能，更好地服务于中国高质量发展和实现碳达峰碳中和目标。

目　　录

一、中国能源体制革命成效

能源体制革命与中国共产党十八届三中全会精神一脉相承。2013 年中国共产党十八届三中全会通过了《中共中央关于全面深化改革若干重大问题的决定》(以下简称“十八届三中全会《决定》”)，对中国推进以经济体制改革为重点的全面深化改革，做出了重大战略部署，提出了重点建设统一开放、竞争有序的市场体系，推进价格改革，进一步简政放权等具体要求。能源体制革命依据十八届三中全会《决定》中的相关要求，提出了“坚定不移推进改革，还原能源商品属性，构建有效竞争的市场结构和市场体系，形成主要由市场决定能源价格的机制，转变政府对能源的监管方式，建立健全能源法治体系”等目标，是对十八届三中全会《决定》精神的全面落实。

（一）中国全面深化能源体制改革，体制革命阶段成效逐步显现

能源安全新战略提出后的十年间，能源体制革命沿着既定方向稳步推进。2016 年《能源生产和消费革命战略（2016—2030)》以“促进能源治理体系现代化为目标”，提出了构建有效竞争的能源市场体系、建立主要由市场决定价格机制、创新能源科学管理模式和建立健全能源法治体系等四方面举措。2017 年，国家能源主管部门制定《能源体制革命行动计划》，提出了面向2030 年的“构建现代能源市场体系，推进国家能源治理体系和治理能力现代化，激发能源领域的活力、创造力，提高能源生产力，让能源发展改革成果惠及全体人民”总体目标，以及战略思路、战略任务及重点行动。总体来看，煤炭、石油、天然气、电力市场交易规则及交易机构等都基本建立或不断完善，电网、油气管网等垄断环节输配价格监审工作和监管制度逐步建立，竞争环节市场定价积极推进，“放管服”持续深化、能源监管体系不断健全，能源立法的实践积累日益丰富，现有法律修订工

作稳步推进，能源体制革命取得阶段性成效，为能源安全新战略的落实与能源事业的快速发展提供了强力支撑。

“煤油气电”市场体系立柱架梁，依靠市场机制配置能源资源的局面初步形成。其一，煤炭领域改革方面，煤炭一直是市场化程度很高的能源资源。早在2012年，国务院办公厅发布《关于深化电煤市场化改革的指导意见》，标志着煤炭市场化进入新阶段。随后，2013年炼焦煤和动力煤期货合约分别在大连商品交易所和郑州商品交易所成功上市交易；2014年《关于深入推进煤炭交易市场体系建设的指导意见》进一步推动煤炭市场化改革，实现了全国性、区域性和地方煤炭交易市场并行发展，现货期货市场逐步建设和完善；2020年，全国煤炭交易中心正式运营，为煤炭中长期合同签约、履约、煤炭现货挂牌、竞价等业务提供新的交易场所，推动煤炭交易规范化。2021年以来，在“双碳”目标约束和能源安全保障压力持续加大的双重压力下，煤炭市场制度建设持续深化。根据中长期合同制度安排，2023年80%的发电用煤实现了长期协议采购，有效稳定了煤炭与发电的供求关系。其二，油气领域改革方面，油气行业上、中、下游陆续推进市场体系建设。上游油气勘探开发以“三桶油”为主，下游成品油、天然气市场竞争不断加强，中间管网环节与上下游关系逐步理顺。近十年，上游油气资源多主体多渠道供应、中间油气管网统一集输、下游销售市场有序竞争的“X+1+X”油气市场体系基本建成。上游领域，油气矿业权竞争性出让取得明显进展，逐步形成大型国有石油公司为主导、民营及外资企业共同参与的市场格局。中游领域，国家石油天然气管网公司2019年成立，油气管网运营机制改革取得突破。下游领域，全国加油站超过10万座，城市燃气企业超过千家，油气交易中心数十家。其三，电力领域改革方面，2015年《中共中央 国务院关于进一步深化电力体制改革的若干意见》（以下简称“中发9号文”）发布以来，中国电力市场建设取得实质性进展。有序放开发用电计划，中长期交易全面推广，煤电和工商业电力用户全部参与市场交易，新能源参与市场交易的规模也在逐步增加。2023年，全国市场化交易电量占全社会用电量比例为61.4%，同比提高0.6个百分点。电力现货市场建设提速，辅助服务市场逐步建立。截至2024年6月，全国共有18个地区（包括南方区域）运行电力现货市场，山西、山东、广东、蒙西、甘肃、湖北省现货市场已正式运行或连续结算试运行。绿证绿电交易机制持续优化调整，交易规模不断增加。交易机构独立规范运行有序推进，目前已组建北京、广州两家区域交易机构和 33 家省（区、市）交易机构，交易机构均实施了股份制改造，治理结构不断完善。

“管住中间、放开两头”的价格机制改革有序推进，竞争性环节价格逐步放开。十八届三中全会《决定》和能源体制革命的要求都明确了主要由市场决定能源价格的改革方向。近十年，按照“管住中间、放开两头”的总体思路，重点领域和关键环节的价格改革取得了阶段性进展。其一，积极推进和完善竞争性领域及环节的市场定价机制。面对能源安全保障压力，煤炭市场定价机制陆续优化调整，目前形成“基础价 + 浮动价”的煤电联动定价机制，引导煤炭价格在合理区间运行，促进煤、电比价关系处于合理水平。油气价格改革稳步推进。成品油价格形成机制不断完善，在调价周期、挂靠品种、幅度限制等方面进行优化调整。气价改革以“先易后难，先非居民后居民、先试点后推广、先增量后存量、边理顺边放开、放管结合”等方式有序推进，取得了一些突破，超过 3000 亿立方米天然气的销售价格由市场决定。随着电力市场建设的逐步推进，电价改革也取得了积极进展。公益性以外的发售电价格由市场形成，电力用户或售电主体可与发电企业通过市场化方式确定交易价格。市场化交易的上网电价由各省的标杆电价逐步转变为由市场形成，价格浮动范围按照各省的基准价上下浮动原则上不超过 20%。以竞争性招标方式确定新建新能源发电项目的上网电价。工商业用户的售电价格由政府核定的目录电价逐步转变为“上网电价 + 输配电价（包括系统运行费）+ 政府基金及附加”三部分构成。其二，自然垄断环节价格定价更加科学。按照“准许成本 + 合理收益”原则，逐步建立电力、天然气等领域自然垄断环节的输送和配送价格监管体系。电力领域，确立了以“准许成本 + 合理收益”为原则的输配电价监管制度，建立和优化成本监审规则。随着规则完善和能力建设，经过三个监管周期的输配电价核定，构建了包括专项输电工程、区域电网、省级电网的输配电价定价体系，确定了更好反映供电成本的不同电压等级的输配价格，明确了输配电价的具体构成。天然气领域，天然气管道运输价格管理办法明确了价格核定的原则和方法；定价成本监审办法则明确了定价成本构成、归集及成本核定方法；2023 年基于对跨省天然气管道的定价成本监审，分中东部、西北、西南和东北四个价区，分别核定了天然气管道运输价格。

“放管服”不断深化，覆盖战略、规划、政策、监管、服务的能源管理体系基本形成。其一，能源主管部门积极下放行政审批事项。2015 年国家能源局发布《国家能源局关于推进简政放权放管结合优化服务的实施意见》，积极推进“放管服”工作，明确大力简政放权，激发市场主体活力；强化事中事后监管，使市场“活而不乱”；优化政府服务，寓管理于服务之中。截至 2023 年，国家能源局等能源主管部门已取消和下放行政审批事项比例超过 70% 。与此同时，加强行政许可事项办理的标准化建设，编制审批事项服务指南和审查工作细则，实行“一个窗口”受理和办理时限承诺制。“放管服”改革以来，各类行政许可事项办理周期都实现了“零超时”。全面清理项目核准前置审批事项、工商登记前置审批、各类培训和中介服务等，切实减少申请人负担。同时国家能源局等能源主管部门出台试点示范类事项工作规则，规范试点示范事项，防范“变相审批”和“权力复归”。其二，逐步形成涵盖战略、规划、监管等方面的能源管理体系。2017 年以来，自然资源主管部门发布《关于进一步规范矿产资源勘查审批登记管理的通知》、国家能源局发布《国家能源局关于对取消和下放行政审批事项加强后续监管的指导意见（2020 年版）》等文件，持续深化能源领域“放管服”改革，包括坚持放管结合、并重，落实监管责任，健全监管规则，创新监管方式，加快构建权责明确、公平公正、公开透明、简约高效的事中事后监管体系。同时积极探索规划、政策、规则、监管“四位一体”的能源管理新机制，切实提高监管效率。自 2021 年以来，连续发布的年度报告《能源监管工作要点》显示，能源监管工作从“切实加强能源市场监管和行业监管，维护公平公正的能源市场秩序”向“创新开展过程监管、数字化监管、穿透式监管、跨部门协同监管”不断完善，监管成效不断显现。市场准入监管“全国一张清单”模式得以巩固；能源信用监管取得阶段进展，电力、煤炭等领域信用评价规范陆续落地；安全监管不断加强，电力安全监管、油气管道安全监管、煤矿安全监管体系等不断完善。同时，能源领域政务服务持续提质增效，着力打造市场化、法治化、国际化一流营商环境，能源普遍服务水平不断提高。2015 年全国解决了无电人口用电问题，2020 年实现了全国村村通动力电，2023 年做到了居民用户和低压小微企业用电报装“三零”、高压用户用电报装“三省”服务全覆盖，“获得电力”服务水平持续提升。能源战略、规划、标准工作不断完善和强化。2020 年“双碳”目标提出后，能源战略规划积极与碳达峰碳中和“1＋N”政策体系协同，推进能源高质量发展。

法律法规标准体系建设稳步推进，能源法治体系不断完善。十八大以来，习近平总书记高度重视全面依法治国，提出了全面依法治国新理念新思想新战略，特别提出要发挥法治固根本、稳预期、利长远的保障作用。能源领域深入贯彻习近平总书记依法治国要求，切实提升能源行业运用法治思维和法治方式的能力，将法治贯穿于能源战略、规划、政策、标准的制定、实施和监督管理全过程，为推进能源安全新战略提供法治保障。其一，能源立法工作取得新进展。编制并发布《“十三五”能源立法规划》，重点推进综合性、安全性、行业发展和改革亟须的立法项目。完成《电力法》《电力供应与使用条例》《电力设施保护条例》相关条款修订，实现供电营业许可证与电力业务许可证“两证合一”。积极推动《国家石油储备条例》等法律法规立法审查，着力推动《对外合作开采陆上石油资源条例》和《对外合作开采海上石油资源条例》修订。《煤炭法》修订列入 2020 年国家发展改革委立法计划。2024 年 1 月《能源法（征求意见稿）》经国务院常务会议讨论通过后，提请全国人大常委会审议。《可再生能源法》修订已列入十四届全国人大常委会立法规划。其二，依法治理能力进一步提升。能源主管部门健全能源重大事项决策机制，规范项目核准、资金使用、行政处罚等事项决策程序。编制部门管理权责清单，法无授权不可为，法定职责必须为。明确权责事项，完善行政执法程序，规范处罚裁量权。能源企业、相关行业协会严格执行法治建设各项要求，将法治贯穿到企业经营的管理、安全生产及行业自律。其三，畅通行政复议和行政应诉渠道。能源主管部门发布行政复议和行政应诉工作规定，成立行政复议委员会，建立法律顾问制度和公职律师制度。《2021 年能源监管工作要点》提出，“完善行政执法程序和行政处罚工作机制，依法处理各种违法违规行为”“进一步提高 12398 能源监管热线投诉举报事项处理质量，及时解决小微企业、民营企业、人民群众的合理诉求”等。其四，完善标准规范体系。《能源标准化管理办法》及其实施细则规范和促进了能源行业标准制定工作。能源主管部门围绕能源行业管理和产业发展需要分年度公布能源行业标准计划立项指南。近年来，能源标准制定和应用加快推进，特别是在新能源、新型储能、节能、碳达峰碳中和等重点领域，相关标准不断丰富和完善。截至2023年，中国已发布实施的节能国家标准达300多项，包括强制性能耗限额国家标准100多项、强制性能效国家标准数十项、推荐性节能国家标准约200项，基本实现生产生活的全面覆盖。

（二）煤炭治理体系建设不断推进，煤炭市场化改革取得新成效

近十年，煤炭体制机制改革持续推进。现代煤炭市场体系基本建成，市场供求关系明显改善；煤炭中长期合同制度和市场价格形成机制不断完善，稳价保供取得积极成效；陆续出台《煤矿生产能力管理办法》《关于深入推进煤炭交易市场体系建设的指导意见》等相关文件，政府管理效能明显提升；以《煤炭法》为引领的煤炭领域法律法规体系逐步健全，煤矿智能化建设标准体系不断完善。煤炭保障国家能源安全和产业链供应链安全的基础愈加牢固，有效地支撑煤炭在新型能源体系中发挥兜底保障作用。

市场结构和体系建设成效显著。其一，煤炭市场主体现代企业制度改革进展明显。近十年，以国企改革“1 + N”政策体系、国企改革三年行动等政策为指导，煤炭企业加快完善中国特色现代企业制度，积极探索实践混合所有制改革，把发展混合所有制为主要形式的产权改革，作为改革的主要抓手和突破口，以市场化方式推进整合重组，系统推进煤炭企业“转机制、调结构”，提升国有资本配置效率。特别是2021年以来，积极推进煤炭国企真正按市场化机制运营，实施有别于国有独资、全资公司的差异化管控，率先深化三项制度改革，推动形成更加成熟更加定型的中国特色现代企业制度。在市场化改革推动下，煤炭企业战略性重组步伐明显加快，煤炭企业一体化运营、产业集中度大幅提升。神华集团与国电集团合并重组为国家能源投资集团，山东能源与兖矿集团联合重组成立新山东能源集

团，中煤能源兼并重组国投、保利和中铁等企业的煤矿板块。2023 年，排名前 10 家煤炭企业原煤产量合计为 24.0 亿吨，同比增加 8412 万吨，占规模以上企业原煤产量的 51.5%，应急保供能力明显提升。其二，煤炭市场交易体系不断健全。近十年，持续推进煤炭交易市场体系建设，进一步完善煤炭交易中心和参与主体等一系列政策措施，市场配置资源的决定性作用显著增强。全国煤炭市场交易体系实现了从弱到强、从小到大的快速发展，初步形成了以全国煤炭交易中心为主体，太原、内蒙古、陕西、新疆等多个区域性煤炭交易中心和“国能 e 商”等大型煤炭企业交易平台为补充的煤炭市场交易体系。动力煤、炼焦煤、焦炭期货合约在大连商品交易所和郑州商品交易所成功上市。煤炭市场建设标准和交易规则不断健全，初步构建了促进煤炭交易市场健康发展的良好环境和长效机制。其中，煤炭交易方式不断创新发展，由计划经济时期的煤矿按计划组织生产、按政府指令分配和发运，逐渐过渡到政府指导与市场运作相结合的煤炭交易方式，再进一步发展到目前的由煤炭产运需企业自主订货、自主衔接、协商定价的市场化交易方式。同时，交易模式加快向数字化转型，通过运用现代信息技术等手段，不断创新煤炭交易模式，搭建交易平台，完善交易功能，推动交易模式向数字化发展，降低交易成本，提高流通效率，逐步满足各类市场主体对煤炭商品的交易需求。其三，行业信用体系建设总体向好。近十年，煤炭行业诚信体系建设稳步推进，进入全面开展信用体系建设新阶段。国家发展改革委将煤炭企业信用体系建设纳入重点领域的行业信用建设和信用监管体系，引入第三方征信机构参与行业信用建设。应急管理部发布的《安全生产严重失信主体名单管理办法》，旨在加强煤矿行业生产经营单位和承担安全评价、认证、检测、检验职责的机构及其人员的安全生产严重失信名单管理。国家矿山安全监察局将煤矿不安全生产行为监管结果纳入企业诚信记录。中国煤炭工业协会先后发布《煤炭行业自律公约》《煤炭行业信用评价指标》等指南，编印《全国煤炭行业信用等级评价工作指南》，发布《关于深入推进煤炭行业信用体系建设的指导意见》等，先后 3 次修订完善煤炭企业信用评价标准。《煤炭行业信用状况分析报告（2023）》显示，煤炭行业信用质量总体向好，煤炭行业信用体系组织架构基本建立，标准体系日渐完善，信用应用场景逐步拓展，信用环境不断改善。

煤炭价格形成机制逐步建立。其一，取消电煤价格双轨制。针对煤炭市场运行实际情况，开展诸多价格政策探索。2012 年发布的《国务院办公厅关于深化电煤市场化改革的指导意见》明确规定，自 2013 年起，取消重点合同，取消电煤价格双轨制，国家发展改革委不再下达年度跨省区煤炭铁路运力配置意向框架。煤炭企业和电力企业自主衔接签订合同，自主协商确定价格，加快煤炭行业市场化进程。煤炭交易市场迅速发展，市场配置资源的功能得以更好实现。其二，建立煤炭“中长期合同制度”和“基础价 + 浮动价”的定价机制。2014 年国家发展改革委发布的《关于深入推进煤炭交易市场体系建设的指导意见》明确，建设全国煤炭交易数据平台，编制发布全国性煤炭交易市场价格指数，为企业和社会提供服务。2016 年，国家发展改革委、国务院国资委发布的《关于加强市场监管和公共服务保障煤炭中长期合同履行的意见》明确了中长期合同定义，提出要完善价格形成机制，供需企业双方可在合理确定基础价格的基础上，引入规范科学、双方认可的价格指数作参考，规范确定实际结算价格，基础价格和与市场变动的挂钩机制可按合理的合同周期适时进行调整。2017 年，国家发展改革委发布的《关于推进 2018 年煤炭中长期合同签订履行工作的通知》提出，对下水煤、铁路直达煤，供需双方应参照“基准价 + 浮动价”机制协商确定合同价格。之后，2019 年、2020 年、2021 年国家发展改革委分别发布的《关于推进煤炭中长期合同签订履行工作的通知》中均明确煤电双方应继续参照“基准价 + 浮动价”定价机制，协商确定中长期合同价格。煤炭“中长期合同制度”和“基础价 + 浮动价”的定价机制，发挥了煤炭市场平稳运行的基础性作用，基本实现了煤炭供需双方互利共赢。其三，完善煤炭市场价格形成机制。2022 年，国家发展改革委发布《关于进一步完善煤炭市场价格形成机制的通知》，明确煤炭价格由市场形成。国家发展改革委会同有关方面综合采取供需衔接、储备吞吐、进出口调节、运输协调等措施，促进煤炭价格在合理区间运行。当煤炭价格显著上涨或者有可能显著上涨时，将根据《价格法》第三十条等规定，按程序及时启动价格干预措施，引导煤炭价格回归合理区间；当煤炭价格出现过度下跌时，综合采取适当措施，引导煤炭价格合理回升。

政府管理方式不断优化。其一，加强战略规划引领。近十年，坚持长远战略规划与阶段发展重点相结合，适应不断变化的新形势，有关政府部门持续优化煤炭行业管理方式，调整行业发展主攻方向，有力保障了煤炭行业的健康发展。《煤炭工业发展“十三五”规划》提出，要加快推动煤炭领域供给侧结构性改革，着力在优化结构、增强动力、化解矛盾、补齐短板上取得突破，提高发展的质量和效益，破除体制机制障碍，不断开拓煤炭工业发展新境界。《“十四五”煤炭清洁开发与利用规划》要求，加快推进山西、蒙西、蒙东、陕北和新疆煤炭绿色转型供应保障基地建设，不断优化煤炭生产开发布局，提升供给体系质量和效率。两部“五年规划”作为指导煤炭工业科学发展的总体蓝图和行动纲领，持续引领煤炭行业高质量发展。同时，《能源技术创新“十三五”规划》《“十四五”能源领域科技创新规划》《“十四五”现代能源体系规划》等对煤炭技术创新、煤炭领域改革等也提出了部署。其二，分阶段突出重点实施政府管理。近十年，面临不同时期煤炭行业发展存在的问题及面临的形势和变化，适时灵活调整煤炭发展重点，落实新举措，保障了煤炭行业整体平稳运行。2013 年，面对煤炭需求大幅下降、供给能力过剩、供求关系严重失衡的状况，国务院发布《国务院办公厅关于促进煤炭行业平稳运行的意见》，从煤炭生产总量控制、减轻煤炭企业税费负担、加强煤炭进出口环节管理等方面入手，提出了一系列措施，促进煤炭行业脱困发展。2016 年，党中央、国务院将煤炭行业列为供给侧结构性改革的重点行业之一，发布的《关于煤炭行业化解过剩产能实现脱困发展的意见》明确要求，从 2016 年开始，用 3 至 5 年的时间，再退出产能 5 亿吨左右、减量重组 5 亿吨左右，并适度减少煤矿数量。之后，面对市场需求持续增加，在淘汰落后的同时，优化审批程序，加快核准核增煤矿优质产能，有效提升煤炭供给体系质量，保障煤炭价格总体稳定。为推动智能化技术与煤炭产业融合发展，提升煤矿智能化水平，2020 年 3 月，国家发展改革委等八部委联合发布《关于加快煤矿智能化发展的指导意见》，提出了“2025 年大型煤矿和灾害严重煤矿基本实现智能化、2035 年各类煤矿基本实现智能化”的目标与具体举措。面对控制能源消费总量、推动能源绿色转型、规划建设新型能源体系要求，历年出台的能源工作指导意见，明确了煤炭发展方向及重点领域，保障政策的连续性。其三，煤炭行业管理体制机制逐步优化。近年来，不断完善政府管理体制机制，各部门各司其职，对推进煤炭行业的高质量发展发挥了重要作用。2018 年组建应急管理部，加强煤炭行业安全生产监管，统筹煤矿生产安全事故救援等专业应急救援力量建设。2020 年国家煤矿安全监察局更名为国家矿山安全监察局，负责拟订矿山安全生产（含地质勘探）方面的政策、规划、标准，起草相关法律法规草案、部门规章草案并监督实施，负责国家矿山安全监察、统筹矿山安全生产监管执法保障体系建设等。相关部门与国家发展改革委、国家能源局协调配合，共同促进煤炭行业稳步协调可持续发展。其四，加强煤炭市场监管。近十年，扎实做好煤炭中长期合同履行监管工作，按年度发布煤炭中长期合同监管工作的通知，推动相关主体不断提高合同履约水平。2016 年国家发展改革委发布《关于加强市场监管和公共服务保障煤炭中长期合同履行的意见》要求，严格履行企业主体责任，提高合同履约率；《关于加强电煤中长期合同诚信履约监管的通知》提出，所有合同必须全部按照国家和地方明确的中长期交易价格合理区间或“基准价 + 浮动价”价格机制签订并严格执行。对不严格落实电煤中长期合同价格政策的企业，立即进行提醒约谈、督促整改，拒不整改的将作为涉嫌哄抬价格线索移交市场监管部门依法依规查处；《关于做好 2023 年电力中长期合同签订履约工作的通知》要求，规范有序做好电力中长期合同签订履约工作，强化中长期合同履约和监管。有关部门不断加强对煤炭中长期合同履约信用监管，督促签约市场主体严格履行合同约定义务，充分发挥煤炭中长期合同稳定市场的作用。

法律法规标准体系进一步完善。其一，《中华人民共和国煤炭法》多次进行修订调整。近十年，煤炭法制建设步伐逐步加快，法律法规体系不断健全。2013 年修订《煤炭法》，取消了煤炭生产许可证和煤炭经营许可证；2016 年进一步修订《煤炭法》，取消了煤矿企业开办条件及审批规定，与之相对应的生产许可证、经营管理制度及办矿管理制度等也进行了调整。两次修订简化了煤矿开采行政审批事项和过程。2020 年，国家发展改革委发布的《中华人民共和国煤炭法（修订草案）》（征求意见稿），新增煤炭市场建设、价格机制等条款，在发展规划、安全生产、清洁高效利用、市场体系建设、生态修复、法律责任等方面增加和修订相关规定，继续完善煤炭法律制度，强化法律的适用性和有效性，为煤炭行业高质量发展提供了法治保障。其二，配套法律法规逐渐完善。近十年，坚持以市场引导、政府调控、依法管理为导向，形成了与中国特色社会主义市场经济相适应的煤炭法律法规体系。加快《矿产资源法》《安全生产法》《环境保护法》《大气污染防治法》《矿山安全法》《职业病防治法》等法律中与煤炭相关的内容修订，煤炭生产经营及监督管理过程中的重要法律依据不断健全。推动与煤炭相关的《尘肺病防治条例》《工伤保险条例》《土地复垦条例》等行政法规颁布、实施与修订。2020 年修订的《固体废物污染环境防治法》规定，矿山企业应当采取科学的开采方法和选矿工艺，减少尾矿、煤矸石、废石等矿业固体废物的产生量和贮存量，鼓励采取先进工艺进行综合利用。2021 年正式施行的《刑法修正案（十一）》新增“危险作业罪”，增加了部分入罪情形，明确将非事故安全生产违法行为列入危险作业罪，加大了安全生产领域的刑事追责，体现了“人民至上、生命至上”的安全理念。2023 年，《内蒙古自治区煤炭管理条例》正式施行，为自治区内合理开发利用和保护煤炭资源，规范煤炭生产、经营、清洁高效利用及相关活动提供依据和保障。其三，政策、标准体系逐步完善。近十年，针对煤炭开发布局、煤矿建设、生产安全、绿色储运、清洁利用等方面出现的一系列新问题，陆续出台一系列政策和标准。一是不断总结煤矿安全生产经验教训，多次修订《煤矿安全规程》，制定并出台了数十部涉及煤矿安全的部门政策及相关规范性文件，基本形成了完善的煤矿安全政策体系。二是制定了煤炭管理、资源整合、清洁利用、事故伤亡赔偿等方面的政策及规范性文件。2015 年正式施行的《商品煤质量管理暂行办法》，明确了在中国境内从事商品煤的生产、加工、储运、销售等相关要求，强化商品煤全过程质量管理，提高终端用煤质量，推进煤炭高效清洁利用。国务院办公厅发布《推进多式联运发展优化调整运输结构工作方案（2021—2025 年）》提出，推进京津冀及周边地区、晋陕蒙煤炭主产区运输绿色低碳转型。国家发展改革委等部门发布《煤电节能减排升级与改造行动计划（2014—2020 年）》《煤炭清洁高效利用行动计划（2015—2020 年）》等文件，将煤炭清洁利用正式上升为国家能源发展战略。特别是 2022 年，国家发展改革委等六部门发布《煤炭清洁高效利用重点领域标杆水平和基准水平（2022 年版)》提出，对标实现碳达峰碳中和目标任务，推动煤炭清洁高效利用，促进煤炭消费转型升级。三是煤炭行业标准制修订工作有序推进，标准体系进一步完善，标准的基础性、引领性作用更加突出。开展了强制性标准整合精简、推荐性标准集中复审工作，提出了“修订一批、转化一批、整合一批、废止一批”的标准复审模式。2014 年以来，煤炭行业共发布实施了数百项国家标准和行业标准，尤其是智能化和物联网等新兴领域标准的制定，补充优化了现有标准体系。同时，煤炭行业团体标准化工作逐步开展，企业标准化工作也有序推进。

（三）油气体制机制改革持续推动，油气市场总体格局已然成形

2014—2023 年，中国加快推动油气体制机制改革并取得积极进展。油气市场改革不断深化，基本形成主体多元化、资源结构和渠道多样化的油气市场体系，各类企业竞相参与油气勘探开发、市场交易和进出口，多元主体竞争程度不断提高。油气价格市场化持续推进，实现了原油价格由市场决定、成品油实行以国际油价为基础的政府指导价、80% 以上的天然气门站价格由供需双方协商和市场主导形成的格局。以产供储销体系建设为指引，统筹发展和安全，各级政府部门系统谋划、综合施策，政府治理效能不断提高，基本建立起竞争有序、有法可依、监管有效的油气管理与监管体制机制。油气行业相关法律法规、标准体系、管理政策不断完善，发挥了对油气体制机制改革的引导、推动、规范和保障作用。

全面深化改革推进形成“管住中间、放开两头”的“X＋1＋X”市场雏形。其一，逐渐放开上游环节，多元化油气勘查开采市场初步形成。近十年，采取一系列措施推进油气上游领域体制机制改革，有序放开油气勘查开采市场，加快释放油气勘查开采市场活力，提升油气资源保障能力。除中国石油、中国石化、中国海油和延长石油四家国有石油公司外，逐步允许符合准入要求的其他市场主体参与油气勘查开采。2015 年起，在新疆、贵州、山西等地开展试点，逐步放开油气勘查开采主体资格限制和勘查资质限制，允许符合条件的各类主体开展油气勘查开采工作。2020 年，

在试点基础上，在全国范围内开放油气勘查开采市场，在国内注册、净资产不低于3亿元人民币的内外资公司，均有资格取得油气矿业权，符合安全、环保等资质要求和规定，并具有相应的油气勘查开采技术能力的，可以从事油气勘查开采活动。统计结果显示，通过市场公开竞争方式出让油气探矿权，共引入60余家社会主体参与油气勘查开采，逐渐形成以大型国有油气公司为主导、多种经济成分共同参与的勘查开采体系。其二，组建国家管网集团，"全国一张网"建设有序推进。近十年，围绕加快推进国内油气骨干管道和城市燃气管网建设，着力推进自然垄断环节体制机制改革，基本形成油气管网发展新格局。以《关于深化石油天然气体制改革的若干意见》及《石油天然气管网运营机制改革实施意见》等文件精神为指引，2019年成立了由国有资本控股、投资主体多元化的国家石油天然气管网集团，承担油气干线管网及储气调峰等基础设施的投资建设和运营，负责干线管网互联互通和与其他主体的油气管道联通，以及相应的油气管网运行调度。随着国家油气管网集团的组建和其他各级各类长输管道运销分离，"全国一张网"物理联通输配体系继续完善，油气管网布局更为合理、覆盖范围进一步延伸，逐步实现管网等中游基础设施向第三方市场主体的公平开放，有效统筹全国油气干线管网规划建设运营，促进管网互联互通和全国管网架构不断完善，基本形成了"四大战略通道＋五纵五横"的油气管网总体布局，初步实现"全国一张网"及油气资源在各区域乃至全国范围内平稳调配。其三，油气下游环节市场化改革不断深入，市场活力显著增强。近十年，坚持市场化改革方向，陆续取消油气进口贸易、终端销售等领域政策性限制，充分调动各类资本参与油气市场建设积极性。2014年开始逐步开放石油天然气竞争性业务，允许各类市场主体进入油气领域，有序放开成品油批发经营主体限制，允许有资质的市场主体自主销售合格成品油，鼓励企业参与天然气进口。2015年，国家发展改革委发布的《关于进口原油使用管理有关问题的通知》和商务部发布的《关于原油加工企业申请非国营贸易进口资格有关工作的通知》，进一步放开原油进口权及进口原油使用权，允许符合条件的地方原油加工企业取得非国营贸易进口资质及使用进口原油，鼓励地方炼油企业淘汰落后炼油装置以置换进口原油使用配额。2018年，国家发展改革委、商务部发布的《外商投资准入特别管理措施（负面清单）（2018年版）》取消了对外资加油站建设、经营的数量与股比限制，越来越多的外资在国内投资以加油业务为核心的综合加能站。2019年，更进一步明确向外商开放城镇燃气业务，外资企业可控股50万人口以上城镇燃气业务。同时，加快油气交易平台建设，不断完善油气市场基本交易制度，规范市场主体准入标准，鼓励建立长期稳定的交易机制，国家级的现货、期货交易市场进一步壮大。截至2023年，油气终端市场和贸易已经对民资、外资消除了政策性限制，激发了市场需求和市场活力，构建起多元主体进入的市场格局。

持续推进油气市场化定价改革。其一，建立油气资源权益金制度，不断完善油气资源有偿取得和有偿开采政策。近十年，积极推进油气资源区块公开竞争出让，改革油气资源税费制度，不断健全完善油气资源税制度和矿业权出让收益政策。2017年，国务院发布《矿产资源权益金制度改革方案》要求，改革矿产资源税费制度，理顺矿产资源税费体系，合理调节矿产资源收入，建立符合中国特点的新型矿产资源权益金制度。同年，财政部、原国土资源部发布《矿业权出让收益征收管理暂行办法》规定，油气矿业权需要征收矿业权出让收益，可以出让金额的形式征收，在出让环节按照市场成交结果确定，一次性征收或分期征收；也可以出让收益率的形式征收，在开采环节按照开采出来的矿产品销售收入的一定比例征收。《资源税法》规定，油气资源税实行从价计征，原油、天然气、页岩气、天然气水合物税率均为6%。2023年，财政部、自然资源部、国家税务总局发布《矿业权出让收益征收办法》，完善油气矿业权出让收益征收政策，以“价+率”的方式征收矿业权出让收益，“价”是指在矿业权出让时确定的成交价，“率”是指在开采矿产资源时按照矿产品销售收入一定比例收取，矿业权出让收益=矿业权成交价+逐年征收的采矿权出让收益（年度矿产品销售收入×矿业权出让收益率）。其二，石油定价机制逐步健全，市场化程度进一步提高。近十年，在原油价格实行市场调节价、成品油主要实行政府指导价的基础上，持续完善石油定价机制。2013年国家发展改革委发布的《关于进一步完善成品油价格形成机制的通知》将成品油计价和调价周期由原来22个工作日缩短至10个工作日，取消上下4%的调价幅度限制，并调整国内成品油价格挂靠油种。2016年国家发展改革委发布

《关于进一步完善成品油价格形成机制有关问题的通知》《石油价格管理办法》，进一步对成品油价格机制进行调整，设定成品油40美元/桶的价格调控下限，建立油价调控风险准备金，放开液化石油气出厂价格，简化成品油调价操作方式。通过实施更加科学、透明的价格运行机制，保证了石油市场正常供应，促进了成品油市场有序竞争，避免了成品油市场价格大起大落，为促进经济社会持续健康发展发挥了积极作用。其三，天然气价格改革持续深化，市场化进程加快推进。近十年，按照稳定协调发展天然气行业的总体要求，沿着市场化改革方向，有序推进天然气价格改革。2014年，对居民生活用气出台了阶梯价格制度，分为一、二、三档，分别覆盖区域内80%、95%和100%的居民家庭用气量，实行超额累进加价，三档的价格之比为1∶1.2∶1.5。2015年，根据可替代能源价格变化情况，将非居民用增量气价格下调0.44元/立方米、存量气价格上调0.04元/立方米，实现价格并轨，至此非居民用气门站价格完全理顺；改革门站价格管理方式，由最高上限价格管理改为"基准价+浮动幅度"管理，允许居民和化肥以外的其他用气价格一年以后上浮20%。2016年，国家发展改革委发布《关于加强地方天然气输配价格监管降低企业用气成本的通知》明确要求，各地减少供气环节，降低过高的省内管道运输价格和配气价格；发布《天然气管道运输价格管理办法（试行）》和《天然气管道运输定价成本监审办法（试行）》，确立了准许成本加合理收益的定价原则，明确了有效资产范围、准许收益率、定价成本构成及成本监审行为等，制定了各管输企业的运价率，实现了从"一线一价"到"一企一价"转变；发布《关于推进化肥用气价格市场化改革的通知》，放开化肥用气价格。至此，直供用户用气门站价格全部放开。同时，在福建省开展门站价格市场化改革试点，该省成为首个门站价格完全市场化的省份。2017年发布《关于加强配气价格监管的指导意见》，重点围绕配气价格核定、制定、校核等环节，以及成本监审、信息公开等方面提出明确要求。2018年发布《关于理顺居民用气门站价格的通知》，将居民用气由最高门站价格管理改革为基准门站价格管理，价格水平与非居民门站价格接轨。2019年，《关于规范城镇燃气工程安装收费的指导意见》规定城镇燃气工程安装收费标准，原则上成本利润率不得超过10%，以此降低天然气终端用户用气成本，引导城镇燃气企业转型升级发展。2020 年发布《中央定价目录》(2020 版）明确，具备竞争条件的省份天然气的门站价格由市场形成，为进一步全面放开门站价格指明方向。2022 年，采用按区域定价的思路推进管输价格改革，对以宁夏中卫、贵州贵阳、河北永清为节点构建的西北、西南、东北及中东部四个区域实行“分区定价、一区一价”，形成了与当前油气管网体制相适应的管输价格机制。发布《关于完善进口液化天然气接收站气化服务定价机制的指导意见》，明确了液化天然气（LNG）接收站气化服务价格定义及内涵，健全气化服务定价方式，进一步推动进口 LNG 接收站公平开放。

油气领域政府管理能力和水平持续提升。其一，持续推进“放管服”改革，营商环境和政企关系进一步改善。近十年，大力推进简政放权，取消和下放审批事项百余项，占石油天然气行业有关主管部门原有审批事项的 70% 以上。全面清理规范性文件，建立合法性审查制度，严格控制新增行政审批事项。2017 年以来，自然资源主管部门发布《关于完善矿产资源开采审批登记管理有关事项的通知》《关于进一步完善矿产资源勘查开采登记管理的通知》和《关于推进矿产资源管理改革若干事项的意见（试行)》，精简油气矿业权申请材料，优化审批流程，明确管理要求，规范油气勘查开采审批登记管理；创新油气矿业权管理方式，实行油气探采合一制度，油气探矿权人发现可供开采的油气资源，在报告有登记权限的自然资源主管部门后即可进行开采；减少油气探矿权审批登记办理频次，将探矿权每次延续有效期限由两年延长为五年。同时陆续发布《石油发展“十三五”规划》《天然气发展“十三五”规划》《中长期油气管网规划》《加快推进天然气利用的意见》《石油天然气规划管理办法》《“十四五”现代能源体系规划》等文件，有关部门和地方政府进一步加强石油天然气产业规划与国土空间、资源利用、能源体系等多类规划有效衔接。油气企业依据产业统一部署，统筹安排各类重大项目重点工程的建设规模、区域布局与进度节奏。油气领域已基本形成以市场化手段为主实现油气供需平衡和产业协调发展的机制，增强了企业与政府的同频共振。其二，持续完善市场准入，政府治理效能不断提升。近十年，不断优化市场准入管理，放宽油气勘探开发和油气管网、液化天然气接收站、储气调峰设施投资建设等市场准入，调节炼化加工等市场结构，为各类社会资本进入油气行业创造公平竞争环境。2016 年，《关于石化产业调结构促转型增效益的指导意见》要求，未纳入《石化产业规划布局方案》的新建炼化项目一律不得建设；国务院发布《关于发布政府核准的投资项目目录（2016 年本）的通知》明确，未纳入国家批准的相关规划的新建炼油及扩建一次炼油项目，一律禁止建设，同时新/扩建项目审批权由国家核准改为由省级政府按照国家批准的相关规划核准。2018 年国务院发布《石化产业规划布局方案》指出，严格控制炼油能力和成品油生产规模，淘汰落后产能，有序推进沿海七大石化产业基地建设，提高炼化一体化水平。积极实施石油天然气体制改革试点，推进四川、重庆、新疆、贵州、江苏、上海、河北等地方油气体制改革综合试点及专项试点，进一步完善了规范有序、公平合理的市场准入机制。2019 年，《关于推进矿产资源管理改革若干事项的意见（试行）》规定，开放油气勘查开采市场。2023 年，《关于深化矿产资源管理改革若干事项的意见》进一步完善了油气勘查区块退出制度，结合油气勘查开采管理实际，将扣减面积比例从 25% 降低至 20% 等。此轮改革效果显示，扣减面积比例实际降到 15% 左右。同时，鼓励社会资本投入油气资源勘查开采，全面推进矿业权竞争性出让，放宽矿业转让变更限制措施。通过完善油气市场准入管理，更好发挥了政府在产业宏观调控上的功能作用，增强了油气市场主体积极性，提高了油气生产效率，推动油气行业高质量发展。

其三，持续推动政府职能转变，市场监管能力进一步提升。近十年，加快转变政府职能，改革石油天然气行业监管方式，综合运用信息公开、资质、信用、数字化监督等多种手段，不断规范油气市场秩序，治理体系和治理能力现代化水平明显提升。自然资源主管部门先后建立矿业权人勘查开采信息公示、矿产资源开发利用调查评估等制度，油气行业监督管理理念和方式发生了重大的变革，从重视事前审批逐渐转变为强化事中事后监管，从以政府监管为主到政府监管、公众监督共同发力。2014 年起制订一系列市场规制，发布《天然气基础设施建设与运营管理办法》《油气管网设施公平开放监管办法》《关于建立保障天然气稳定供应长效机制的若干意见》《大气污染防治成品油质量升级行动计划》等文件；2015 年以来，陆续制修订《原油市场管理办法》《成品油市场管理办法》《原油成品油流通管理办法》，加强原油、成品油市场监管，进一步规范原油、成品油经营行为。2018年，国务院发布《关于促进天然气协调稳定发展的若干意见》要求，加强产供储销体系建设，建立完善石油天然气领域信用体系，对严重违法失信行为实施联合惩戒；对通过改变计价方式、强制服务等方式提高和变相提高油气价格，利用产业链优势强行转嫁储气调峰责任，达成并实施垄断协议、滥用市场支配地位，加大查处和曝光力度。监管方式创新提高了政府市场监管能力，基本适应了油气行业快速发展形势，促进形成良好的市场秩序。

石油天然气法律法规和标准体系不断健全完善。其一，持续推进石油天然气行业立法工作，法律体系基本形成。近十年，坚决落实全面依法治国决策部署，持续推进油气行业勘探开发、炼化加工、管道运输、油气零售、战略储备、合资合作、财政金融等重点领域法律法规制修订工作，不断完善油气法律法规体系。着力推动《石油天然气法》《外商投资法》《石油储备条例》《海洋石油天然气管道保护条例》等油气行业相关立法工作。《资源税法》颁布实施，开发油气资源应按规定缴纳资源税；《中华人民共和国民法典》颁布实施，将探矿权、采矿权放在用益物权范畴管理，表明油气探矿权、采矿权具有财产属性和物权属性，依法取得的油气探矿权、采矿权的权利受法律保护。《矿产资源法（修订草案）》已提交全国人大二次审议，并面向社会公开征求意见，同步对《矿产资源法实施细则》《矿产资源勘查区块登记管理办法》《矿产资源开采登记管理办法》《探矿权采矿权转让管理办法》等配套法规进行修订。加快推进《石油天然气管道保护法》《城镇燃气管理条例》等法律法规修订工作。油气行业法律体系不断完善，为油气资源合理开发利用与保护、成品油加工流通销售储备等提供了有力法治保障，对保障国家能源资源安全发挥了重要作用。其二，大力推进依法行政，法律法规执行更加到位。近十年，加强油气全产业链行政执法力度，突出关键领域，完善执法流程，严格责任落实，做到有法必依、执法必严、违法必究。在上游环节，全面落实《安全生产法》《环境保护法》等法律法规，持续开展陆上石油天然气开采安全生产专项执法行动，加强海上石油勘探开发领域执法活动，防范化解油气勘探开发重大安全风险，严肃查处违法行为。在中游环节，严格贯彻落实《石油天然气管道保护法》，从管道建设、管道运营、管道保护、管道事故应急处理、法律责任等方面突出强调石油天然气管道有关各方的职责与权利义务，提高了各级政府对石油和天然气管道安全保护重视程度与属地管理水平，强化了设计、施工、验收等流程标准体系支撑，增强了标准执行的严肃性，确保油气管道安全建设和平稳运营，平安管道建设取得明显成效，油气管道安全合规管理水平进一步提升。在下游环节，加强《反垄断法》《城镇燃气管理条例》等执法力度，依法审理涉及油气期货产品、公平开放等纠纷案件，严肃查处成品油和燃气领域存在的无证经营、垄断销售、虚假检验等违法违规行为，建立健全了燃气经营许可证制度，维护市场公平秩序。地方加大法律法规执行力度，进一步规范了各方在油气发展规划、经营与服务、应急保障、设施保护、安全事故预防与处理等方面的行为。其三，加强技术规范和标准体系建设，安全高效清洁发展成效显著。近十年，持续推进油气开采地面工程、管道输送、LNG 加工储存装运、城镇 LNG 气化供气等国家标准制修订，以及石油工程建设、油气田开发、油气储运、钻采设备、石油安全等行业标准体系建设工作。2018 年发布《陆上石油天然气开采业绿色矿山建设规范》，推动油气开发实现矿区环境生态化、开采方式科学化、资源利用高效化、企业管理规范化和矿区社区和谐化。首次制定发布天然气、页岩气领域国际标准，推动天然气计量方法与国际接轨，修订《天然气》国家标准，实施《天然气能量计量技术规范》，修订《城镇燃气设计规范》等，将一类气总硫含量限值由 60 毫克/立方米降至 20 毫克/立方米，进入长输管道的天然气高位发热量由 31.4 兆焦/立方米修改为 34.0 兆焦/立方米。陆续组织修订普通柴油、汽油、车用乙醇汽油、生物柴油等标准，不断推进强制性节能、先进领跑等标准体系建设。2016 年 1 月，原环境保护部、工业和信息化部联合发布《关于实施第五阶段机动车排放标准的公告》要求，自 2016 年 4 月至 2018 年 1 月根据油品升级进程，分区域、分阶段在全国范围内实施机动车国五标准。2019 年 1 月 1 日，国内汽油全面升级实行国六 A 标准、车用柴油全面升级实行国六标准，降低汽柴油的烯烃、芳烃、苯含量，大幅提升油品的清洁化程度。2021 年 2 月，工业和信息化部发布强制性国家标准《乘用车燃料消耗量限值》(GB 19578—2021)要求，乘用车新车平均燃料消耗量水平在 2025 年降至百公里 4.0 升，同时持续推动提升中国油品品质。

（四）电力治理体系建设有序推进，电力市场化改革获得新进展

2014 年以来，中国新一轮电力体制机制改革不断深化。电力市场建设取得重大进展，电力交易机构组建工作全部完成，省级现货试点范围稳步扩大，多元主体竞争格局初步形成，绿电、绿证交易加速推进，全国统一电力市场体系初步建成。电价改革取得重要突破，以自然垄断环节为重点的电力项目成本监审不断加强，以“准许成本＋合理收益”的输配电价定价机制基本完善，全部燃煤发电上网电价和工商业用户用电价格有序放开，首次建立煤电容量电价机制，中国电价体系建设日趋完备。能源主管部门积极响应党中央、国务院决策部署，深化电力领域“放管服”改革，不断完善安全管理体系，优化电力监管体制机制。积极推进相关法律法规修订工作，立法修法的系统性、协同性有所增强，电力安全稳定供应和绿色低碳转型法治保障得到加强。

全国统一的电力市场体系初步建成。其一，市场化交易规模逐步扩大，市场主体类型更加多元。近十年，发用电计划逐步放开，电力市场化改革稳步推进。在发电侧，2019 年国家发展改革委发布《关于深化燃煤发电上网电价形成机制改革的指导意见》明确，除保供、保安全等燃煤发电电量外，其余燃煤发电电量全部进入电力市场；可再生能源保障性收购电量比重从 2016 年的 83% 降至 2023 年的 38.6%，特别是在《全额保障性收购可再生能源电量监管办法》发布后，保障性收购方式由电网公司“统购统销”转变为多市场成员协同消纳。在用电侧，国家发展改革委发布《关于全面放开经营性电力用户发用电计划的通知》要求，经营性电力用户发用电计划全面放开。2023 年，全国电力市场交易电量 5.7 万亿千瓦时，同比增长 7.9%，占全社会用电量比例 61.4%，比 2022 年提高 0.6 个百分点。市场化交易电量占比从 2016 年的不到 17% 上升到 2023 年的 61% 以上，市场机制已在资源配置中起到决定性作用。市场主体准入范围持续扩大，在交易机构注册的主体数量达到 70.8 万家，其中发电企业约 3.3 万家、售电

公司约4200家，市场活力有效激发。国家发展改革委、国家能源局发布《关于开展分布式发电市场化交易试点的通知》《关于加快推动新型储能发展的指导意见》《关于进一步推动新型储能参与电力市场和调度运用的通知》等政策，明确了适应分布式电源、储能、虚拟电厂等新型主体参与电力市场交易的应用场景及商业模式。增量配电改革仍在探索当中，改革举措陆续出台，对引入配电领域的竞争、提升客户获得电力水平、降低企业综合办电成本起到了积极作用。尽管相关部门发布了多项针对增量配电改革的政策文件，并公布了5批459个增量配电业务改革试点，但仅有约一半的项目业主取得了电力业务许可证（供电类）。2024年修订的《增量配电业务配电区域划分实施办法》，明确了增量配电区域划分的基本原则和办理流程，以及存量配电网资产和用户的处置方式，但电网的公平接入仍有进一步改进的空间。其二，电力交易机构组建工作完成，为市场化交易搭建了交易平台。近十年，电力交易机构独立规范运行，持续推进股权多元化，与电网调度机构协调配合，基本建成公平、高效的市场服务与交易平台，有力支撑了电力市场正常运转。为贯彻落实“中发9号文”，国家发展改革委、国家能源局发布《关于电力交易机构组建和规范运行的实施意见》，明确了电力交易机构相对独立属性，对建成公平规范的市场交易平台提出要求。在国家发展改革委、国家能源局发布的《关于推进电力交易机构规范化建设的通知》和国家能源局发布的《关于进一步加强电力市场管理委员会规范运作的指导意见》等文件支撑下，电力交易机构持续推进股份制改造，不断规范电力市场管理委员会的组建和运作方式，充分发挥其自治性议事协调作用。目前，全国已形成的北京及广州两个省间电力交易中心和33个省级电力交易中心，均采用了公司制的组织形式。其三，初步建立“统一市场、协同运作”的电力市场架构，形成覆盖全周期、多层次、多元价值的电力市场体系。目前，电力市场交易周期覆盖多年、年、月、周、多日和日等维度，交易层次分为国家市场和省（区、市）/区域市场两级结构，多元价值通过电能量、辅助服务和绿色电力交易等多种交易标的物体现。近十年，国家发展改革委、国家能源局相继发布《电力中长期交易基本规则》《关于开展电力现货市场建设试点工作的通知》《跨区域省间富余可再生能源电力现货交易试点规则（试行）》《关于进一步做好电力现货市场建设试点工作的通知》《电力现货市场基本规则》等文件，有效规范了电力市场建设，逐步完善了电能量、辅助服务和绿电等定义和交易方式，并启动了首批南方（以广东起步）、蒙西、浙江、山西、山东、福建、四川、甘肃等8个电力现货市场试点和第二批上海、江苏、安徽、辽宁、河南、湖北等6个现货市场试点的建设工作。2021年11月，中央全面深化改革委员会第二十二次会议审议通过的《关于加快建设全国统一电力市场体系的指导意见》，站在顶层设计的角度，提出了健全多层次统一电力市场体系，完善统一电力市场体系的功能，健全统一电力市场体系的交易机制，加强电力统筹规划和科学监管，推动实现形成适合中国国情、具有更强新能源消纳能力的新型电力系统的新要求。截至2023年，全国中长期电力直接交易电量合计4.4万亿千瓦时，占市场化电量比重超90%，占全社会用电量的47.7%；电力现货交易在全国全面推开，江西、新疆、陕西和重庆等非试点地区纷纷启动建设电力现货市场；全国电力市场交易总电量为5.67万亿千瓦时，占全社会用电量的61.4%；辅助服务市场明确包括调峰、调频、无功调节、备用等多个品种，可提供辅助服务的资源除火电、抽水蓄能外，新增了负荷聚合商、虚拟电厂、新型储能等新型主体；绿色电力交易已在国家电网、南方电网和蒙西电网区域试点启动，2023年的绿电交易规模为537.7亿千瓦时。

电力价格体系建设更加完善。其一，价格管理与监管方式更加高效，建立了科学独立的输配电价体系。近十年，中国电价改革已初步实现了“管住中间、放开两头”的目标，电力价格形成机制更加合理规范。2015年以来，陆续发布的《输配电定价成本监审办法》《关于进一步加强垄断行业价格监管的意见》《政府制定价格成本监审办法》等文件，坚持短期成效与长期治理相结合，对电力规划建设、生产运行、供应保障实施全链条管理和监管，推进电网等垄断行业价格规制的规范化、制度化建设，不断提升电力治理效能；制定了“1+4”（1个通用的输配电成本监审办法、4个针对不同层级电网的定价办法）的输配电价政策体系。中国输配电价改革确立了以“准许成本+合理收益”为核心的约束与激励相结合的输配电价定价制度，推动电网经营模式从获取购销价差向输配电费转变，以电网有效资产为基础，实现对输配电收入、成本和价格的全方位直接监管，促进了电网企业建立健全输配电成本归集体系；历经三个监管周期，输配电价改革接续发力、不断向纵深推进，当前输配电价涵盖了跨省跨区专项工程、区域电网、省级电网、地方电网和增量配电网等输配电各个环节和全部领域。截至 2023 年，累计核减不相关、不合理输配电成本超过 1200 亿元。其二，电价结构优化调整，市场化程度明显提高。“中发 9 号文”发布后，市场化定价机制不断完善。2021 年国家发展改革委发布《关于进一步深化燃煤发电上网电价市场化改革的通知》，将燃煤发电标杆上网电价机制改为“基准价 + 上下浮动”的市场化价格机制，电力竞争环节价格进一步放开。经营性电力用户电价从按照非市场化的目录电价结算，到参与市场后转为价差结算，再逐步调整为“电能量价格 + 输配电价 + 政府基金及附加 + 系统运行费用”的顺价结算方式。为保障电力系统的充裕度和安全性，实现对发电资源在保障系统最大负荷电力供应时的有效容量进行补偿，2023 年国家发展改革委、国家能源局发布《关于建立煤电容量电价机制的通知》要求，自 2024 年 1 月 1 日起调整煤电单一制电价为容量电价和电量电价两部分，当前容量电价按照保证多数地区煤电机组可回收 30% 的固定成本核定。其三，补贴机制适时调整，在可再生能源发展中发挥重要作用。为积极推动可再生能源并网消纳，逐步完善对可再生能源开发利用的价格、财税、金融等一系列支持政策，2016 年以前，国家发展改革委相继发布了《可再生能源发电价格和费用分摊管理试行办法》《可再生能源电价附加收入调配暂行办法》和《可再生能源电价附加补助资金管理暂行办法》等文件，促使风电、光伏等可再生能源装机容量从 2010 年的 4623 万千瓦和 212 万千瓦，跃升至 2016 年的 14747 万千瓦和 7631 万千瓦。随着风电、光伏发电规模化发展和技术快速进步，可再生能源已初步具备与燃煤机组平价上网的条件，2016 年启动了风、光等可再生能源标杆上网电价退坡政策，每年减少新增补贴资金约 100 亿元，并明确了自 2021 年起新核准的陆上风电项目、新备案集中式光伏电站和工商业分布式光伏项目平价上网。同时，2021 年以来，国务院办公厅发布《关于促进新时代新能源高质量发展实施方案的通知》，国家发展改革委、国家能源局发布《关于进一步加快电力现货市场建设工作的通知》等文件，允许可再生能源通过参与市场化交易形成上网电价，并允许申报环境溢价以体现可再生能源的绿色电力价值。2023年，风、光等可再生能源市场化交易电量达6845亿千瓦时，占风电和光伏发电总量的47.3%。

电力领域政府管理与监管体系建设提速。其一，政府发挥引导作用，电力行业进入高质量发展新阶段。按照“放管服”改革要求，2015年国家能源局发布《关于做好电力项目核准权限下放后规划建设有关工作的通知》，要求优化项目核准方式和流程。目前，各地区电力项目核准与退出的审批事项仅需各省电力主管部门审批，经营性主体入市注册到准入在1个月之内即可办理完成，并可一地注册、多地共享。在发电侧，通过中长期规划、五年规划、产能控制等举措持续引导优化电源结构。煤电“三改联动”规模合计超过4.85亿千瓦，全国6000千瓦及以上火电厂供电标准煤耗301.6克/千瓦时，处于全球较高水平；全国单位火电发电量二氧化碳排放约821克/千瓦时，同比降低0.4%；系统调节能力持续加强，具备深度调节能力的煤电装机容量占比超过50%，抽水蓄能、新型储能新增装机容量2814万千瓦。通过五年规划、重大重点工程谋划等方式，持续优化电网网架结构。截至2023年，220千伏及以上输电线路回路长度共92.05万千米，较2015年增长51%。在需求侧，进一步加强电能质量管理。2023年国家发展改革委发布新版《电能质量管理办法》《电力需求侧管理办法》和《电力负荷管理办法》，推动在供电侧加强电能质量管理，在需求侧提升实施需求响应、节约用电、电能替代、绿色用电、智能用电、有序用电等新型电力负荷管理能力，促进了电力行业节能减排和绿色发展。这十年，中国电能质量水平稳步提升，综合电压合格率达到“4个9”（99.99%）。其二，电力领域监管措施不断完善，监管职权与责任落实到位。近十年，国家能源主管部门对制定的规划、政策、标准、项目等落实情况实施了有效监管，尤其是加强了投资项目的事中事后监管，强化了对规划、政策实施后的评估和调整。2020年国家能源局发布《电力业务许可证监督管理办法》，建立了以注册制和信用承诺为核心的新型监管制度，完善了电力市场监管对象，优化调整了监管内容并创新监管措施，支撑维护了市场运营的公平性和有序性。2023 年，融合“双随机、一公开”和信用分级分类手段，以承诺制方式办理许可业务 1.9 万余件。2023 年国家能源局发布《关于开展电力领域综合监管工作的通知》要求，开展涵盖电力规划建设、生产运行、供应保障全链条的综合监管，以推动电力领域重大规划政策落实、规范电力市场秩序。在发电侧，不断加强紧急情况下对电力系统稳定运行的支撑能力，《关于进一步做好抽水蓄能规划建设工作有关事项的通知》《关于开展电力系统调节性电源建设运营综合监管工作的公告》等进一步深化发电运行监管，新增对新能源、新型储能、负荷侧并网主体的技术指导及管理要求。在电网侧，持续完善输配电监管制度框架和定价成本监审办法，《电网公平开放监管办法》《供电企业信息公开实施办法》等进一步加强电网公平开放监管，规范供电企业信息公开工作。在此基础上，为支撑全国统一电力市场体系建设，依托国务院发布的《关于在市场监管领域全面推行部门联合“双随机、一公开”监管的意见》，国家能源主管部门发布《关于加强电力中长期交易监管的意见》《进一步完善电力调度交易与市场秩序厂网联席会议制度的通知》《关于开展跨省跨区电力交易与市场秩序专项监管工作的通知》《售电公司准入与退出管理办法》《有序放开配电网业务管理办法》等文件，加强了对电力市场的综合监管。各省市电力交易中心全面上线电力市场运营风险监控平台，通过精准监控经营主体市场行为，规避了售电公司履约保函额度不足、市场主体注册信息违规、注册信息变更不及时报备等多种不合规情况，有效遏制了市场风险隐患，维护了电力市场秩序。

电力法律法规和标准体系不断完善。其一，持续推进立法工作，电力行业法律体系基本形成。近十年，结合电力重点领域改革，持续推进电力行业电网建设、安全生产、监督管理等方面的法律法规制修订工作，完善适应生态文明建设和能源绿色低碳转型发展要求的法律法规制度体系。随着可再生能源的快速发展，着力推进《电力法》《可再生能源法》等相关法律法规的修订工作。为契合国务院开展的先办理营业执照后取得行政许可的“先照后证”改革，2015 年 4 月《电力法》第二次修订，对其中有关工商登记前置审批的规定做出修改；2018 年 12 月《电力法》第三次修订，规定了供电营业区的设立和变更程序。《电力法》这两次修订工作一定程度上缓解了电力体制改革中基础性法律不完善的问题。《可再生能源法》修订已列入十四届全国人大常委会立法规划，旨在加强对可再生能源相关规划政策措施的统筹协调，推动能源清洁低碳发展，健全能源普遍服务机制，建立适应可再生能源参与的电力市场规则。电力行业法律体系不断完善，为扫清制度障碍、确保电力行业平稳、快速、安全发展提供了有力保障。其二，依法加强电力供应与使用的管理，切实保护电力企业和消费者合法权益。近十年，进一步明确电力行业依法管理要求，完善执法流程，严格责任落实，不断加强电力全产业链行政执法力度。为了加强电力供应与使用的管理，保障供电、用电双方的合法权益，维护供电、用电秩序，安全、经济、合理地供电和用电，2016 年 2 月《电力供应与使用条例》一次修订，对承装、承修、承试供电设施和受电设施的单位申请《承装（修）电力设施许可证》流程进行了规定，健全了承装（修）电力设施的管理制度；2019 年 3 月《电力供应与使用条例》二次修订，明确了供电营业区域相关内容，完善了供电营业许可证基本制度。该条例的两次修订从供电营业区、供电设施、供用电合同、监督管理等方面规范了电力供应单位、电力用户及相关单位和个人在电力供应与使用过程中的行为。其三，强化电力标准体系建设，电力系统安全管理水平得到提升。近十年，按照新型电力系统建设要求，持续加强智能发电、新能源发电、新型储能、电动汽车充电设施等新技术、新业态标准体系建设，持续开展装备技术标准、接入和运行标准、市场标准及电力系统安全稳定运行标准等传统领域标准适应性修订工作，不断加大电力标准体系建设力度。陆续健全以《电力系统安全稳定导则》《电力系统技术导则》《电网运行准则》《国家电气设备安全技术规范》等为核心的技术标准体系并适时修订完善，强化标准在引领技术发展、规范技术要求等方面的作用。《光伏发电站接入电力系统技术规定》《风电场接入电力系统技术规定》《用户侧电化学储能系统接入配电网技术规定》等国家标准的发布，进一步推动了配电系统和台区改造。2022 年，为加快建设新型电力系统，中国牵头制定了全球首个新型电力系统关键技术国际标准框架体系。2023 年发布的《新型储能标准体系建设指南》《电力系统电化学储能系统通用技术条件》，旨在根据新型储能技术现状、产业应用需求及未来发展趋势，结合新型电力系统建设思路，逐步建立适应中国国情并与国际接轨的新型储能标准体系。截至 2023 年，制修订了新型储能重点标准 100 项以上；中国新能源汽车及充换电领域标准已达 200 多项，其中国家标准 137 项、行业标准 91 项，涵盖基础通用、整车、关键总成、充电基础设施、接口与界面等各领域。

二、中国能源体制革命展望

“双碳”工作对进一步深化能源体制改革提出新要求。2021 年中央财经委员会第九次会议强调“中国力争 2030 年前实现碳达峰，2060 年前实现碳中和，是党中央经过深思熟虑作出的重大战略决策，事关中华民族永续发展和构建人类命运共同体。”能源绿色低碳发展是“双碳”工作的关键，需要“深化能源和相关领域改革，形成有效的激励约束机制”。2021 年《中共中央 国务院关于完整准确全面贯彻新发展理念做好碳达峰碳中和工作的意见》《2030 年前碳达峰行动方案》发布后，能源等相关部门及地方政府纷纷制定碳达峰行动方案，初步构建起“1 + N”政策体系。2022 年国家发展改革委、国家能源局发布了《关于完善能源绿色低碳转型体制机制和政策措施的意见》，积极推进能源体制机制改革，更好支撑“双碳”工作。

（一）能源体制改革继续全面深化，健全能源绿色低碳发展机制

进一步深化能源体制革命面临新形势和新挑战。一方面，统筹发展与减排、降碳与能源安全等多目标协同，对能源体制机制改革提出更高要求。党的二十大报告提出了中国到 2035 年基本实现社会主义现代化的宏伟目标，经济还需实现平稳较快发展，需要更强大的能源供应能力来支撑经济发展，保供应的压力依然存在。能源安全形势更加复杂，传统能源安全与非传统安全相互交织。二十大报告又明确提出“加快规划建设新型能源体系”和“积极稳妥推进碳达峰碳中和”，需要能源系统更加清洁低碳、安全高效。多目标要求下，能源生产能力需要更强、能源利用效率需要更高、能源生产力布局需要更合理。推动能源新质生产力发展，需要形成同新质生产力相适应的生产关系。这对下一步全面深化能源体制机制改革提出了更高要求。另一方面，新型能源体系建设对能源结构、产业业态发展提出

新要求，能源体制机制改革面临新挑战。未来十年，能源生产和消费结构将发生巨大变化，风电、光伏等新能源装机和电量占比将更快提升。能源技术和产业创新迭代活跃，新兴氢能、新型储能、能源数字化等新技术、新业态蓬勃涌现。能源系统形态将发生根本性变化，产销者规模日益庞大、分布式与集中式并举、“源网荷储”一体化互动、多能协同互济等新业态将快速发展。这也需要能源体制机制与时俱进地改革完善。

以二十届三中全会精神为指引，进一步全面深化能源体制机制改革。经过十年全面深化改革，中国能源市场化体系建设取得阶段性成效，能源管理和监管制度、法治体系也在不断完善。面向中国加快规划建设新型能源体系的新要求，能源体制机制仍需进一步全面深化改革，特别是大力推动能源市场能够在配置资源上发挥决定性作用。二十届三中全会《中共中央关于进一步全面深化改革 推进中国式现代化的决定》(以下简称“二十届三中全会《决定》”)，为进一步全面深化能源体制机制改革指明了方向。

二十届三中全会《决定》进一步明确了能源市场体制改革要求。在二十届三中全会《决定》第二部分“落实构建高水平社会主义市场经济体制”第5条“坚持和落实‘两个毫不动摇’”中，提出“推进能源等行业自然垄断环节独立运营和竞争性环节市场化改革，健全监管体制机制”，在第6条“构建全国统一大市场”中，要求“推进能源价格改革，优化居民阶梯水价、电价、气价制度，完善成品油定价机制”“深化能源管理体制改革，建设全国统一电力市场，优化油气管网运行调度机制”等，为未来全面深化能源市场化改革提供了根本遵循。这部分内容既与十八届三中全会《决定》中的相关要求一脉相承，又是针对当前能源市场体系建设中的堵点、难点做出的进一步具体要求。

二十届三中全会《决定》针对“双碳”目标，就能源体制改革作出了更明确的指引。在二十届三中全会《决定》第49条提出了“健全绿色低碳发展机制”，重点包括建设绿色低碳循环发展经济体系，建立绿色税制，推进资源节约循环利用，规划建设新型能源体系和积极稳妥推进“双碳”工作等，明确把能源安全新战略与“双碳”目标协同推进，实现绿色低碳发展。这要求继续深化能源市场建设和市场化价格改革，形成更加经济有效的能源市场体系，更好地发现能源产品价格，还原能源商品属性。在较完善的能源市场体系基础上，逐步建设经济有效的碳定价机制和行政管理措施，充分发挥市场在资源配置中的决定性作用，同时在面临市场失灵的情况下更好发挥政府作用，逐步完善绿色低碳发展机制。

未来进一步全面深化能源体制机制改革既要坚持系统思维、统筹部署，又要突出重点、解决主要矛盾。在坚持系统思维上，重点加强能源各领域之间以及与相关领域的改革协同。要协同推进煤炭、石油、天然气、电力等能源品种的市场建设和市场化价格改革，进一步理顺价格传导、互补互济、跨区调运等方面存在的现实障碍。同时，能源领域要加强与资源、环境等体制机制改革的协同，重点加强与“生态保护红线、永久基本农田、城镇开发边界三条控制线”制度协同，与“空气质量持续改善行动”协同，与“双碳”工作中碳定价、“碳双控”等制度协同等。在抓主要矛盾上，**一是重点健全完善能源市场体系**。重点解决电力市场体系不完善、功能不完备、交易规则不统一、跨省跨区交易壁垒等问题，促进电力资源在更大范围内共享互济和优化配置。建立全国统一电力市场体系，完善电力中长期、现货、辅助服务交易有机衔接机制。适应新能源大规模接网需求，进一步完善电力辅助服务市场基本规则和绿证绿电交易机制，促进绿色电力消费。明确各类新能源项目参与市场的时间表、路线图，推动新能源发电稳妥有序进入市场。继续深化电力、天然气等重点领域和环节的价格改革，如输配电价优化、灵活性资源定价、天然气门站价格市场化改革等。**二是进一步提高能源科学管理和服务水平，从规划、监管、服务等多方面协同推进相关工作**。加强规划引导，适应新型能源体系建设新要求，完善能源战略规划体系。完善市场监管，针对能源领域的突出问题开展专项监管，构建有利于多能协同互济的新型能源监管方式和协同监管机制。提升公共服务，在统计计量、监测预警、安全保障、普遍服务等方面着力，进一步优化能源领域营商环境，增强各类经营主体的创新活力。**三是依法推进能源法治建设**。强化依法治理，加强能源重大问题研究并在法律规章中予以明确和规范，积极推进基本成熟且长期有效的重要制度上升为法律法规。尽快发布《能源法》，并以《能源法》为统领，抓紧修订《电力法》《可再生能源法》，择机启动制修订能源领域其他法律，加快完善能源法律法规体系。加强能源标准体系建设，及时推进能源前沿领域的标准规范的研究制定工作，完善引领能源清洁低碳发展的相关标准和技术规范。

（二）煤炭市场化改革进一步深入，煤炭现代治理体系基本完善

面向构建高水平社会主义市场经济体制的要求，持续深化煤炭市场化改革，煤炭的能源兜底保障作用更加坚实，有效支撑新型能源体系建设。推进煤炭市场基础制度规则统一，完善煤炭现货市场，有序发展期货市场，构建高质量煤炭交易平台，全面建成全国煤炭统一大市场。健全统一的煤炭价格指数体系与价格调控机制，保障煤炭市场平稳运行。建立健全政府管理和监管机制，深化煤炭供给侧结构性改革，推进有为政府与有效市场更好结合，创造更加公平、更有活力的市场环境。尽快完成《煤炭法》修订，加快配套法律法规、部门规章、行业标准等的制修订，为实现煤炭安全智能绿色开发和清洁高效利用提供法治保障。

建设高标准煤炭市场体系。其一，统一基础制度规则。继续推进公平竞争制度、准入退出机制等市场基础制度规则统一，进一步规范煤炭市场秩序，保障煤炭市场上下游企业合法权益。一是建立统一的公平竞争制度。遵循各类市场主体地位平等、一视同仁原则，破除影响各类所有制企业公平竞争、共同发展的法规障碍和隐性壁垒，进一步完善公平竞争的制度框架和政策实施机制。深化煤炭资源开发“招拍挂”制度改革，推动煤炭矿业权全面实行招标、拍卖、挂牌等竞争性方式出让。推进煤炭市场信息高标准共享，实现煤炭产品自由流通，市场一体化建设、高效运行。二是建立统一的准入退出机制。规范煤炭交易主体进入与退出机制，引导各类主体规范、公平参加煤炭资源开发。加快推动资源枯竭的煤矿及技术装备水平低、生产效率低、安全保障程度低、环境损害大的煤矿开发主体适时有序退出。三是健全统一的行业信用体系。加强行业诚信建设，进一步完善煤炭行业诚信建设长效机制，加强煤炭行业信用监管。规范煤炭市场秩序，依法依规开展企业基本情况、经营能力、信用记录等方面的企业信用登记评价工作。其二，有序发展期货市场。提供高质量的期货产品和服务，按

照“做全期货、期权、互换衍生工具，打通期货现货、境内境外”的“一全两通”发展目标，在动力煤、焦煤和焦炭三种期货产品的基础上，增加新的煤炭相关期货品种，拓展商品期货，推出煤炭价格指数、与煤炭相关的航运指数等金融期货。鼓励供需企业结合自身发展情况，积极尝试参与期货交易，利用期货交易手段降低经营风险。鼓励大型煤炭供需企业进场交易，发挥期货市场的价格发现机制和信息传递机制，有效提高煤炭企业利用金融工具服务企业经营的能力。其三，完善煤炭现货市场。进一步完善煤炭“基础价 + 浮动价”定价机制，有效控制市场价格波动幅度，兼顾供需双方利益，稳定生产、稳定市场、稳定价格，完善煤炭上下游产业互利共赢发展格局。规范长协合同统一性，组织专门力量，集合煤炭上、下游相关行业组织，“分行业、分煤种”制定具有法律约束、各方认可的统一标准化合同，由政府相关部门公开颁布，鼓励引导新投产煤矿签订更高比例的中长期合同。提高长协合同履约水平，建立健全长协合同履约考核评价制度，切实增强诚信监督。加强现货市场与期货市场对比分析和市场监测预警，为稳定煤炭市场价格、煤炭市场供应研究政策措施提供依据。其四，联通各类交易平台。建立统一的煤炭交易流程、交易规则、信息保密、信用评价等制度体系，形成规范的煤炭交易机构制度标准。构建交易平台联通机制，鼓励相关企业积极参与建设高质量煤炭交易平台建设，推进各类交易平台智能化升级，强化技术保障能力，深化数据挖掘分析，推广自动化信息采集，推动各平台间的数据共享，构建交易商互认、交易结果互认、互联互通的平台联通机制。推动全国煤炭经营主体统一上线交易，利用物联网、云计算、区块链等新一代信息手段，发挥平台经济先导作用，推动全品种在交易平台统一开展合同签订、物流衔接、资金结算等全流程交易，实现传统产运需衔接方式向数智化交易模式转变。其五，完善煤炭数据要素市场。挖掘煤炭数据要素功能，依托煤炭线上交易的数据集聚优势，培育壮大煤炭交易数据服务产业生态，强化数据挖掘、分析、处理能力，丰富数据产品，逐步建立数据确权、使用、交易、安全、共享等流通利用体系和相关基础制度，构建政府、企业、社会规范化开发利用数据的场景；加强煤炭数据统计工作，优化煤炭经济指标体系，完善煤炭数据归集、分析发布制度；制定煤炭领域数据隐私保护和安全使用制度，加强对政务数据、企业商业秘密等数据的保护。

深化煤炭价格市场化改革。其一，建立统一的煤炭价格指数体系。构建可有效反映煤炭价值的价格机制，制定科学合理的煤炭成本确认和摊销制度，促使煤炭成本核算更加规范化、合理化、完整化。同时通过税费制度设计，合理确定煤炭税费总体负担水平。综合考虑产地、运输、金融、可替代、国际能源价格等因素，建立充分反映煤炭资源成本、生产成本和环境成本，全面系统的中国煤炭价格指数体系，形成由市场形成价格、让价格调节市场的煤炭交易市场运行机制。其二，完善煤、电价格传导机制。引导煤、电价格主要通过中长期交易形成，同时提升煤炭市场供需调节能力。进一步完善煤炭产供储销体系，保障煤炭产能合理充裕，完善煤炭中长期合同制度。煤炭中长期交易价格在合理区间内运行时，燃煤发电企业可在现行机制下通过市场化方式充分传导燃料成本变化，在电力中长期交易合同中合理设置上网电价与煤炭中长期交易价格挂钩的条款，有效实现煤、电价格传导。其三，健全煤炭价格调控机制。贯彻落实《关于进一步完善煤炭市场价格形成机制的通知》要求，在合理区间内煤价、上网电价、用户电价通过市场化方式实现“三价联动”，还原煤炭资源商品属性，支撑煤炭统一大市场建设。强化煤炭市场价格预期管理。健全煤炭生产流通成本调查制度和市场价格监测制度，为开展煤炭价格调控、评估完善煤炭价格合理区间提供支撑。及时发布煤炭市场和价格信息，强化煤炭价格指数行为评估和合规性审查。进一步增强政府可调度储煤能力，完善储备调节机制，适时收储投放，促进煤炭价格在合理区间运行。

建立健全政府管理和监管机制。其一，加快制定煤炭规划体系与管理办法。适应当前新型能源体系建设、能源绿色转型等新要求，不断健全煤炭规划体系，涵盖煤炭资源勘探、开发布局、清洁利用、科技创新等方面。加快研究制定《煤炭规划实施办法》，确立规划管理制度，完善规划编制的实施主体、实施程序、审批程序、实施效力、监督检查、法律责任等内容。加强规划实施管理，通过构建规划实施闭环管理工作机制，监督规划实施过程，推动规划重大项目有效落地。同时，进一步加强各个部门联动，推动多规合一。开展规划执行综合评价，总结经验教训，形成规划执行综合评价结果。适时进行规划滚动调整，密切跟踪经济社会、行业、产业发展形势，结合规划执行综合评价结果，对环境分析、规划指标、任务举措、保障措施等进行深化和调整。其二，加大力度推动煤矿智能绿色开发机制落地。深化煤炭供给侧结构性改革，创新煤炭领域管理机制。积极实施《关于深入推进矿山智能化建设促进矿山安全发展的指导意见》，加强组织协调，加大政策支持，探索实用管用的建设模式，多措并举创造条件，助力矿山智能化建设稳步推进。贯彻落实《关于进一步加快煤矿智能化建设促进煤炭高质量发展的通知》要求，进一步发挥煤矿智能化发展协调机制作用，强化顶层设计、政策支持和指导协调，及时研究解决工作推进中的重大问题。有效实施《关于进一步加强绿色矿山建设的通知》，健全工作机制、强化监督考核，形成齐抓共管合力，全面推进煤炭绿色矿山建设。其三，进一步提升煤炭市场监管效能。加大煤炭市场监管力度，强化监管考核，保障煤炭行业高质量发展。一是健全统一市场监管规则。加强煤炭市场监管立法工作，完善煤炭市场监管程序，强化煤炭市场监管标准化规范化建设，依法公开监管标准和规则。充分发挥行业协会作用，建立有效的政企沟通机制，形成政府监管、行业自律、社会监督的多元治理新模式。二是提升监管执法能力。建立综合监管部门和行业监管部门联动的工作机制，统筹执法资源，统一执法标准，进一步规范市场不当竞争和市场干预行为。加强煤炭交易市场监管。坚持公开透明原则，实行煤炭交易全过程监督。充分发挥市场主体、行业协会、社会公众、新闻媒体监督作用，加强对经营主体上线交易监管。三是加强煤、电市场监管。强化煤炭、电力中长期合同履约监管，进一步完善煤炭中长期合同制度，着力强化合同履约监管。强化价格监管，密切关注投机资本动向，强化期、现货市场联动监管，坚决遏制资本过度投机和恶意炒作。强化反垄断监管和市场价格监督检查，依法严厉查处各类价格违法违规行为。

健全完善煤炭法律法规体系。其一，尽快完成《中华人民共和国煤炭法》修订。《煤炭法》修订工作已有数年，并列入人大立法规划。要适应煤炭改革发展的新形势和新要求，强化《煤炭法》在煤炭行业的基本法地位，以资源可持续发展和清洁高效利用产生的基本权利义务关系为调整对象，革除一些运用行政手段调整煤炭领域各类法律关系的弊端，解决规律性、根本性、普遍性的问题，保障煤炭产业高质量发展。重点在巩固供给侧结构性改革成果、完善煤炭市场体系制度建设、统筹煤炭产供储销体系建设、强化规划和标准的行业引领作用、加强煤炭综合利用和生态保护等方面进行修订完善，优化煤炭产业结构、完善价格机制、推进产品质量和安全生产标准化建设、建立矿区生态修复法律制度等。其二，继续推进相关法律法规制修订。加快促进煤炭绿色低碳发展的法律法规研究制定，推动进一步降低煤炭生产、加工、运输、利用和转化过程中的能源消耗，控制并减少污染物和温室气体排放，大力推动煤炭产业循环发展，推进煤炭清洁高效利用。推动《能源法》审议实施，推进完善煤炭等能源规划，以及煤炭开发利用、市场体系建设、科技创新等制度设计。适应经济社会发展和煤炭领域变革需求，持续完善《矿产资源法》《安全生产法》《环境保护法》《矿山安全法》等法律法规中与煤炭相关的重要条款。加强煤矿关闭退出顶层设计，加快制定《煤矿关闭退出条例》，探索建立国家引导、地方支持、煤矿企业承担主体责任的市场化煤矿关闭退出机制，进一步完善资产处置、人员安置、债务处理、资源价款退还、环境修复治理等内容。其三，健全煤炭领域政策和标准体系。推进煤炭安全生产、绿色储运、清洁利用等方面配套部门规章、行业标准等的制修订，为实现煤炭安全智能绿色开发和清洁高效利用提供保障。加快修改《煤矿安全规程》，有效衔接《矿山安全法》《煤矿安全生产条例》，持续健全完善“一规程四细则”的煤矿安全技术规范体系，以强制性管理解决长期困扰煤矿安全生产的重大问题，为进一步预防和遏制煤矿生产安全事故提供保障。研究制定《煤矿建设项目管理办法》，整合《煤炭工程建设监理规定》《煤炭建设工程质量检测工作管理办法》等文件，加快出台新政策对煤矿建设全过程进行规范。修订《国家煤炭应急储备管理暂行办法》，结合煤炭产能储备制度等新要求，进一步规范国家煤炭应急储备管理制度，提高应急状态下的煤炭供应保障能力。研究制定《煤矿资源综合利用管理办法》，制定综合利用的指导方针、范围、分类、标准、项目管理、政策措施、监督检查等管理制度。加强煤炭行业新型标准体系建设，持续深化行业标准化改革，全面布局煤炭行业标准战略，推动煤炭领域团体标准、企业标准建设，加强煤炭标准国际化进程，提高标准质量和实施效果，充分发挥标准在推动行业转型和科技创新中的支撑作用，促进煤炭行业高质量发展。

（三）油气治理体系建设进展明显，油气体制机制改革总体完成

展望未来，面向2035年基本实现社会主义现代化国家的总体要求，为加快规划建设新型能源体系提供遵循，将平稳推进全国石油天然气现货和期货交易平台建设，全面建成油气多元市场格局；全面放开油气领域竞争性环节价格，将政府定价范围主要限定在网络型管网自然垄断环节，不断减少政府对价格的干预，进一步强化成本监审和价格监管，建立起反映市场供需关系、资源稀缺性与负外部性的价格形成机制；坚持科学合理规划，强化油气领域统筹管理，深化“放管服”改革，健全油气管理与监管体制机制；继续制修订油气行业法律法规，适度超前研制相关的标准和技术规范，健全法律标准体系。

全面建成“X+1+X”的油气市场格局。其一，持续优化油气市场结构。坚持先立后破，进一步深化油气资源、数字资源、土地资源、地下空间资源等要素市场化配置改革，不断完善市场体系，加快建设全国统一大市场。继续加快完善以大型国有油气公司为主、多种经济成分共同参与的勘探开发体系，开放油气勘查开采市场，吸引社会资本参与勘探开发，加快形成油气上游竞争性市场。以提高管网运行效率为目标建立健全管容交易市场，推进管容交易二级市场建设，完善竞价交易、平衡管理等市场化管容分配机制。继续推进产供储销体系建设，强化石油天然气市场建设，不断健全自身市场体系，建立完善市场规则、标准，激发市场微观主体创新活力，推进国际油气贸易合作，提升供应保障能力，增强产业链供应链韧性，推动石油天然气行业在新型能源体系建设中发挥更大作用。其二，发挥基础设施对石油天然气市场培育与完善的引导作用。坚持“全国一张网”统筹规划和适度先行，持续完善中游环节运行机制，加强管理创新、服务创新和商业模式创新，促进油气市场体系健康可持续发展。打破行政性、区域性垄断，立足全国加快石油天然气产供储销体系建设，持续推动石油天然气管网设施互联互通并向各类市场主体高质量开放。深入实施国家管网托运商制度，持续完善准入资质、调度运行、市场监管等方面的规

则设计，因地制宜探索省级管网托运商制度；统筹管容分配、管网平衡和管输价格，加强标准化容量产品设计，不断创新管容交易产品，满足不同时间跨度、不同区域枢纽、不同用气方式的容量交易需求，实现管输储气服务高质量供给。其三，有效发挥油气交易中心在市场交易体系建设中的作用。进一步丰富油气交易品种、扩大规模，充分利用中国超大规模市场优势打造油气交易中心核心竞争力，更加主动推进核心功能建设，持续完善交易制度，积极构建竞争有序的高标准市场交易体系。充分发挥国内油气交易中心、区域级现货油气交易中心及原油期货交易市场在市场化配置资源、价格发现的核心作用，主动适应市场需求，努力建设成为立足中国、面向世界的石油天然气交易中心。持续关注石油产业和石油大宗商品市场发展动态，及时回应市场需求，不断提供满足客户需求的创新型产品与服务；确立基于石油大宗商品现货、立足服务实体经济的发展方向，建立良好的市场秩序，疏通资金进入实体经济的渠道，共同促进石油市场的高效运作和可持续发展。

形成“管住中间、放开两头”的油气价格机制。其一，健全石油市场化价格体系。进一步完善石油定价机制，逐步实现石油价格完全由市场决定。在理顺原油和成品油进口、批发及零售各环节的关系，并在逐步完善石油流通体制和政府管理政策的基础上，在市场竞争相对充分后，再完全放开成品油价格，即取消政府指导价，政府不再发布汽、柴油零售价格和批发价格，由企业根据国际国内市场状况自主定价。在放开成品油价格后，政府将不再对国内油价进行直接干预，而是重点监管市场主体的行为，维护公平的竞争环境，保护消费者利益。其二，持续完善天然气定价机制。重点理顺上中下游各环节关系，着力推动气源和终端环节价格全面放开，促进天然气商品自由流动和市场化交易。更好发挥市场机制作用，实现资源配置效率最优化和效益最大化。近中期内加快完善天然气门站价格形成和动态调整机制，建立健全天然气上下游价格联动机制。继续推进天然气按体积计量计价全面转变为按能量计量计价，建立起天然气能量计量计价体系。适时推出 LNG 等天然气期货，形成真实反映供需关系的天然气定价体系，建成在国际上具有一定影响力的亚太地区天然气基准价格形成机制，提升中国在国际天然气市场的地位，形成强大的软实力和硬实力，保障开放条件下的国家能源安全。其三，建立科学合理的中间环节价格形成机制。持续加强管输成本监审，继续推动管输价格改革，探索推进实施两部制价格，构建符合中国市场特点的油气管输价格新机制。近中期继续深化管输“一区一价”改革，根据石油天然气行业发展形势、管网改革进程需要，动态调整定价参数，形成促进资源自由流动和上下游市场竞争的石油天然气管输价格；远期充分发挥容量市场的价格发现功能，逐步形成以管容价格为核心的管输价格体系，更好适应国内油气市场发展。

建立有为政府和有效监管体系。其一，持续推进政府行政管理领域改革。充分发挥规划对油气行业发展的指导与保障作用，科学编制中长期发展规划，加大规划衔接力度，做好油气上游、中游与下游统筹谋划，综合运用规划、政策等手段，推动油气发展目标、重点任务有效落实，实现油气全产业链协调发展。2024 年是“十四五”收官之前的关键之年，也是“十五五”乃至面向 2035 年的谋划之年。要坚持系统观念，着眼长远、统筹兼顾，扎实推进“十五五”规划编制工作，科学制定油气发展目标和路径，构建安全稳定、协调发展的油气综合保障体系。其二，深化油气领域“放管服”改革。立足促进油气行业高质量发展，继续转变政府职能，建立更加高效合理的行业管理规则，加强油气市场宏观调控，创建高效油气管理体制。继续完善行政审批，规范管理，优化审批程序，持续改善营商环境，着力解决油气勘探开发、储气能力建设、油气交易等领域市场化改革存在的难点堵点，充分激发市场主体活力，打造一流营商环境、不断解放和发展生产力。充分调动公众参与积极性，多措并举拓展区块来源渠道，丰富油气区块项目库，加大油气区块投放力度；公布油气区块出让规划，听取社会公众意见，根据区块投标（竞标）意愿优化出让计划；进一步完善油气区块竞争出让机制；健全完善符合油气勘探开发规律的区块退出机制。其三，加快建立健全油气监管体制机制。全方位构建油气大监管格局，重点聚焦油气行业安全保供、绿色转型、市场垄断、信用建设等重点领域，着力推动监管方式改革，强化监管成果运用，不断提升监管的精准性和有效性。加强勘查开采行为监管，与油气矿业权国家一级管理相适应，完善监管体系；加强矿业权人勘查开采信息公示，强化社会监督作用；加强对资源利用效率、公共安全和环境保护的监管，维护公众利益和矿业权人的合法权益；建立油气信息公共服务平台和油气地质资料信息共享平台，为企业和社会提供专业化的服务。进一步转变监管方式，将政府管理更多转向制定战略、规划、政策和市场规则，创造公平公正环境，减少对市场和企业的直接干预；监管机构将主要履行核准、监测、监督、评估、处罚等职责，监管重点更多放到资源利用、环境保护、安全生产、产品质量等环节。

健全油气行业法律法规体系。其一，继续推进油气行业全产业链法律制修订。尽快制修订油气勘探开发、管道运输、炼化加工、油气零售等相关法律，为新时代油气行业高质量发展提供制度保障。推动近期内完成《矿产资源法》修订和《能源法》审议工作，推进《石油天然气管道保护法》修订，进一步理顺油气勘探开发、油气管道保护管理、油气销售市场体制，明晰管道规划与建设、管道保护等方面的法律规定，统一相关标准规范和技术要求，完善应急预案、信息协同、应急监管、执法监督等制度，明晰法律责任，以有效保护石油管道、天然气管道，保障石油、天然气输送安全。其二，加快形成油气领域配套法规体系。加快推进油气勘探开发、对外合作、特许经营、油气储备、安全环保等领域配套法规制修订，进一步健全完善法规体系，满足新形势新要求下油气行业发展需要。加快《对外合作开采陆上石油资源条例》《对外合作开采海洋石油资源条例》等法规的修订，以适应目前多种主体已进入油气勘查开采市场的现状。进一步完善《城镇燃气管理条例》在各地的实施细则，形成内容健全、规范一致、监管清晰的燃气法规体系。抓紧做好《石油储备条例》制修订工作，建立国家石油储备规划、建设、运维和保障等机制。其三，建立健全石油天然气标准和技术规范体系。全面贯彻新发展理念，坚持以高质量技术标准和规范引领油气行业高质量发展，着力推动国内油气领域标准高水平对外开放。加强碳捕集、利用与封存（CCS/CCUS）、二氧化碳驱油（气）技术规范等标准体系研究，重点支持石油天然气领域碳达峰碳中和相关标准立项，加快重点标准制修订。加强天然气能量计量、非常规油气、油气田开发＋新能源、海上油气开采、油气钻采设备等领域行业标准制修订工作，注重标准升级，以应用场景优势推进中国油气标准国际化。

（四）电力体制机制改革深入推进，推动新型电力系统加快建设

2023年7月，中央全面深化改革委员会第二次会议通过的《关于深化电力体制改革加快构建新型电力系统的指导意见》（以下简称“指导意见”），强调要深化电力体制改革，加快构建清洁低碳、安全充裕、经济高效、供需协同、灵活智能的新型电力系统。展望未来，构建新型电力系统是一项复杂系统工程，需要发挥市场在资源配置中的决定性作用，打破省间壁垒，建立全国统一电力市场体系；进一步完善电力市场价格形成机制，有序推动电力价格体系调整完善、电力价格水平平稳可控；推动有效市场和有为政府相结合，以“有形的手”支撑并推动“无形的手”更好发挥作用，加强电力系统全环节、多要素的统筹协调管理，强化电力监督和执法力度，有序推进监管范围扩大和机制创新；破除传统政策机制堵点，不断完善现有电力法治体系。

加强全要素协同联动，推进构建全国统一电力市场体系。其一，支持多元主体公平参与电力市场。进一步完善适应新型电力系统的市场机制，降低准入门槛，积极推动各类资源主动参与市场、发挥调节作用，逐步提高煤电机组、大型水电、需求响应资源、新型主体等灵活调节能力。以价格信号引导存量火电机组灵活性改造，强化新建机组深度调节技术能力建设；完善可再生能源市场化量价形成方式，推动可再生能源无差异参与市场、公平竞争，并主动承担平衡责任；发挥龙头水电作用，优化流域梯级水电联合调度模式和市场交易机制；完善需求侧响应资源市场化长效机制，发挥价格信号激励作用，推动需求侧资源主动参与系统调节；有序扩大电化学储能设施规模，推进储能参与市场，激励储能提供调频、备用和爬坡等辅助服务；建立分布式能源参与市场机制，推动分布式能源就近就地开发利用。其二，持续推进多交易周期、多交易品种衔接。不断完善电力中长期市场、电力现货市场和辅助服务市场建设，进一步完善容量机制和绿色电力交易方式，完备多元价值在电力市场中的体现形式。健全中长期交

易带分时电力电价曲线交易机制，规范合同签订、履约和调整规则；缩短交易周期、提升交易频次，丰富交易品种，以支撑中长期交易连续开市；推动更多具备条件的现货试点省份从试运行转入常态化不间断运行，逐步实现现货市场全覆盖；进一步完善市场规则、强化技术系统建设、提升业务能力，构建公平公正的市场环境，激励现货市场更好发现电力实时价格，准确反映电能供需关系；推动通过市场化手段扩大容量电价覆盖范围，合理划定具备支撑作用的全部资源核定容量电价，逐步推动建立容量市场；进一步丰富绿电、绿证交易组织形式，逐步推动绿电交易覆盖全部清洁能源，规范绿证核发、划转、交易和核销流程，提升绿证的可信度和国际认可度。其三，建立完善的多层次电力市场体系。推动各省（区、市）和区域电力市场加快建设，有序推动配电侧市场化发展，深化推动多层次电力市场耦合。明确各级电力市场的功能定位，建立统一标准、统一接口的市场规则和技术标准，推动各级市场化交易有机衔接、有序运营；制定和完善跨省跨区辅助服务机制，按照“谁受益，谁分担”原则，明确补偿与分摊细则，充分利用和调动送受两端的调节、备用等资源；确保跨区跨省通道输电能力得到充分利用，以市场化机制消除省间壁垒，形成电力资源在全国范围优化配置的市场格局。依托国家区域协调发展战略，在逐步完善省间电力交易机制的基础上，加速推动区域电力市场建设。明确配电侧电网的职能定位，落实配电侧经营责任和电力安全供应责任，推动配电侧形成市场化的分时定价机制，提高配电侧新能源承载能力。

推动电价平稳有序调整，有效支撑能效提升和技术进步。其一，不断完善市场化科学定价标准和电价管理体系。完善以市场化为主的定价制度，加快建立发用两侧电价联动机制，积极推动各类经营主体按照统一的定价原则、计价标准参与市场交易，加强电价形成透明度。完善电价分类管理，推动各类结算项目单独记账、分类结算和疏导，明确各方合理的权利与义务。建立支持绿色能源发展的分时价格形成机制，引导用户侧用电行为并发挥可调资源响应作用，以支撑绿色能源的高比例发展。其二，建立高效的输配电价格监管体系。加强输配成本监审，完善输配电价核定及调整机制，进一步增强定价的系统性、全面性和可操作性。持续推进输配电价独立核算和监管，合理确定过网费标准，改进分电压等级、分用户类别资产费用归集核算，妥善处理政策性交叉补贴，科学反映各类用户的实际输配电成本；加强对电网企业的激励和约束，因地因网制宜设计与电量增长、负荷增长、供电可靠性挂钩的投资约束机制和随电网资产实际利用率、供电可靠性、服务质量浮动的准许收益率调整机制，对有效投资或投资的有效部分做出界定，充分体现电网资产利用率；探索反映容量价值的输电价格核定方式，推动输电价格向容量和电量两部制定价方式转变，促进跨省区输送电合理分摊远距离输电成本。其三，优化电力价格市场化形成机制。加快完善发电侧上网电价市场化定价机制，在燃煤机组全面参与市场定价的基础上，逐步推动燃气发电、水电、风电、光伏发电等其他机组参与市场。优化居民阶梯电价，按照地区经济水平、收入水平等，合理测算阶梯电价分档标准。对于加装分布式电源、储能等装置并参与就近交易的电力用户，探索建立两部制销售电价或以输配电价引导资源就近利用，合理反映电网可靠性价值和资源利用率，促进分布式电源、储能与电网协调可持续发展。

进一步完善电力管理和监督机制，推动监管范围扩大和机制创新。其一，持续深化电力领域“放管服”改革。深入推进电力线上服务标准化、便利化，推广供电侧和用电侧服务“网上办”“掌上办”“一次办”，提升新能源等电力项目政务服务事项一站式服务水平；健全放权后各机构、部门上下衔接机制，做到能源规划与电力规划有机衔接，电源规划和电网规划与当地土地、生态、环保等主管部门有机衔接。简化电力市场准入程序，进一步完善“负面清单”制度；优化电力业务许可管理，明确禁止和限制的准入条件和行为，鼓励更多经营主体合理入市，同时进一步完善退出机制。其二，加快建立健全完备的电力监管机制。创新电力监管方式，提高监管效率，在自然垄断环节要加强监管规则和标准的制定，合理维护供用电双方权益，确保监管的公平、公正和一致性。厘清电网企业的公共服务属性，加强电网企业竞争性业务报备和信息披露，推动电网企业聚焦主责主业。健全政府对价格的监管，放宽市场化电价的限价标准。

加强电网公平开放、电力市场秩序、供电服务、电力安全、代理购电等方面的监管，建立政府监管、行业自律、企业自治、社会监督的大监管格局，健全能源主管部门派出机构、地方政府之间的协同监管机制，形成监管合力。进一步强化监管的信息公开和透明度，及时披露相关监管数据和信息，并细化监管数据披露颗粒度，定期发布监管报告。完善监管的反馈机制，促进公众参与，接受市场主体的意见和投诉，及时回应和解决问题。

健全完善电力行业法律法规体系。其一，加快推进与电力相关的《可再生能源法》等法律法规建设。推进《可再生能源法》修订，完善可再生能源规划的落实措施，强化支持可再生能源技术创新，增加支持电网规划修编及新能源配套送出工程建设的规定，补充可再生能源用地支持措施等。推动进一步修订完善《电力法》，研究补充支持"双碳"目标及可再生能源大力发展的相关规定，加快制定《电力法》实施办法，结合本省（市、区）实际情况，建立起本省统筹规划、安全高效、清洁低碳、适度超前的电力规划与建设、电力生产与运行、电力供应与使用等配套法规。其二，完善基本法规内在架构以形成体系性合力。加快推进《电力监管条例》《电力设施保护条例》《核电管理条例》等配套法规修订工作，进一步健全电力法规体系，建立满足电力市场建设的新形势新要求的行业规范。《电力监管条例》考虑对电力监管机构设置、原则、权力、手段、程序等作出规定，保证监管机构独立自主地行使监管职权。《电力设施保护条例》中需要适当扩大电力设施保护范围，如风力、太阳能等新能源发电设施及其辅助设施、计量装置，充电站、换电站、充电桩及其辅助设施，以及特高压线路保护区域。加快制定《核电管理条例》，通过明确核电项目的规划、选址、投资、建造、运行、退役等各个环节的安全环保经济管理要求，规范核电企业行为。其三，加强新型电力系统标准体系建设。加快研究新型电力系统"源网荷储"各环节的标准，建立健全新型电力系统全产业链标准体系；重点推进新型储能安全、质量、环保等标准研制，完善接入电网系统的安全设计、测试验收、应急管理等标准。加强研制《电力现货市场运营技术规范》《电力市场监管信息系统功能及技术》《电力用户与发电企业直接交易监管标准》等电力现货市场重要标准，规范风电、光伏等间歇性新能源在不同时间尺度电网平衡安排中的技术要求，为电力现货市场的运营及电力中长期交易与电力现货交易的高效衔接提供指引。

附　　录

（一）2014—2023 年中国能源体制领域相关政策文件

序号	发布机关	发布时间	文号	文件名称
1	国家发展改革委、国家能源局	2024/4/2	发改能源规〔2024〕413 号	《关于建立煤炭产能储备制度的实施意见》
2	国家发展改革委、国家能源局	2023/10/12	发改办体改〔2023〕813 号	《关于进一步加快电力现货市场建设工作的通知》
3	国家发展改革委、国家能源局、工业和信息化部、生态环境部	2023/10/10	发改能源〔2023〕1364 号	《关于促进炼油行业绿色创新高质量发展的指导意见》
4	国家发展改革委、工业和信息化部、财政部等六部委	2023/9/15	发改运行规〔2023〕1283 号	《电力需求侧管理办法（2023 年版）》
5	自然资源部	2023/7/26	自然资规〔2023〕6 号	《关于深化矿产资源管理改革若干事项的意见》
6	国家发展改革委、财政部、国家能源局	2023/7/25	发改能源〔2023〕1044 号	《关于做好可再生能源绿色电力证书全覆盖工作 促进可再生能源电力消费的通知》
7	中央全面深化改革委员会	2023/7/11		《关于深化电力体制改革加快构建新型电力系统的指导意见》
8	中央全面深化改革委员会	2023/7/11		《关于进一步深化石油天然气市场体系改革提升国家油气安全保障能力的实施意见》
9	中央全面深化改革委员会	2023/7/11		《关于推动能耗双控逐步转向碳排放双控的意见》

续表

序号	发布机关	发布时间	文号	文件名称
⑩	国家发展改革委、工业和信息化部、生态环境部等五部委	2023/6/6	发改产业〔2023〕723 号	《工业重点领域能效标杆水平和基准水平（2023 年版）》
⑪	财政部、自然资源部、国家税务总局	2023/3/24	财综〔2023〕10 号	《矿业权出让收益征收办法》
⑫	国家能源局	2023/2/14	国能发安全规〔2023〕17 号	《关于加强电力可靠性管理工作的意见》
⑬	国家发展改革委、国家能源局国务院办公厅转发	2022/5/30	国办函〔2022〕39 号	《关于促进新时代新能源高质量发展的实施方案》
⑭	财政部	2022/5/25	财资环〔2022〕53 号	《财政支持做好碳达峰碳中和工作的意见》
⑮	国家发展改革委	2022/2/24	发改价格〔2022〕303 号	《关于进一步完善煤炭市场价格形成机制的通知》
⑯	国家发展改革委、国家能源局	2022/1/30	发改能源〔2022〕206 号	《关于完善能源绿色低碳转型体制机制和政策措施的意见》
⑰	国家发展改革委、国家能源局	2022/1/29	发改能源〔2022〕210 号	《“十四五”现代能源体系规划》
⑱	国家发展改革委、国家能源局	2022/1/18	发改体改〔2022〕118 号	《关于加快建设全国统一电力市场体系的指导意见》
⑲	国务院	2021/12/28	国发〔2021〕33 号	《“十四五”节能减排综合工作方案》
⑳	国家能源局	2021/12/8	国能发安全〔2021〕62 号	《电力安全生产“十四五”行动计划》
㉑	国务院	2021/10/26	国发〔2021〕23 号	《2030 年前碳达峰行动方案》
㉒	中共中央、国务院	2021/10/24	中发〔2021〕36 号	《关于完整准确全面贯彻新发展理念做好碳达峰碳中和工作的意见》

续表

序号	发布机关	发布时间	文号	文件名称
23	国家发展改革委、国家能源局、财政部等九部委	2021/10/21	发改能源〔2021〕1445 号	《“十四五”可再生能源发展规划》
24	国务院	2021/2/2	国发〔2021〕4 号	《关于加快建立健全绿色低碳循环发展经济体系的指导意见》
25	国家发展改革委、国家能源局	2020/6/10	发改能源规〔2020〕889 号	《电力中长期交易基本规则》
26	国家发展改革委、国家能源局	2020/2/18	发改体改〔2020〕234 号	《关于推进电力交易机构独立规范运行的实施意见》
27	国家发展改革委、国家能源局、住房城乡建设部、市场监管总局	2019/5/24	发改能源规〔2019〕916 号	《油气管网设施公平开放监管办法》
28	国家发展改革委、国家能源局	2019/5/10	发改能源〔2019〕807 号	《关于建立健全可再生能源电力消纳保障机制的通知》
29	中央全面深化改革委员会	2019/3/19		《石油天然气管网运营机制改革实施意见》
30	国家能源局	2019/1/18	国能发法改〔2019〕5 号	《能源行业深入推进依法治理工作的实施意见》
31	国务院	2018/8/30	国发〔2018〕31 号	《关于促进天然气协调稳定发展的若干意见》
32	国家发展改革委	2018/5/25	发改价格规〔2018〕794 号	《关于理顺居民用气门站价格的通知》
33	国家发展改革委、国家能源局	2018/4/26	发改能源规〔2018〕637 号	《关于加快储气设施建设和完善储气调峰辅助服务市场机制的意见》
34	国家发展改革委、财政部、人力资源和社会保障部等十二部委	2017/12/19	发改运行〔2017〕2118 号	《关于进一步推进煤炭企业兼并重组转型升级的意见》

续表

序号	发布机关	发布时间	文号	文件名称
35	国家能源局	2017/11/15	国能发监管〔2017〕67 号	《完善电力辅助服务补偿（市场）机制工作方案》
36	中共中央、国务院	2017/5/21		《关于深化石油天然气体制改革的若干意见》
37	国家发展改革委、国家能源局	2017/5/19	发改基础〔2017〕965 号	《中长期油气管网规划》
38	国家能源局	2017/2/8	国能科技〔2017〕43 号	《煤炭深加工产业示范“十三五”规划》
39	国家发展改革委、国家能源局	2016/12/26	发改能源〔2016〕2744 号	《能源发展“十三五”规划》
40	国家发展改革委	2016/12/24	发改能源〔2016〕2743 号	《石油发展“十三五”规划》
41	国家发展改革委	2016/12/24	发改能源〔2016〕2743 号	《天然气发展“十三五”规划》
42	国家发展改革委、国家能源局	2016/12/22	发改能源〔2016〕2714 号	《煤炭工业发展“十三五”规划》
43	国家能源局	2016/9/14	国能油气〔2016〕255 号	《页岩气发展规划（2016—2020年）》
44	国家发展改革委	2016/1/13	发改价格〔2016〕64 号	《关于进一步完善成品油价格形成机制有关问题的通知》
45	国家能源局	2015/4/27	国能煤炭〔2015〕141 号	《煤炭清洁高效利用行动计划（2015—2020 年）》
46	中共中央、国务院	2015/3/15	中发〔2015〕9 号	《关于进一步深化电力体制改革的若干意见》
47	国家能源局	2014/10/12	国能煤炭〔2014〕454 号	《关于调控煤炭总量优化产业布局的指导意见》
48	国家发展改革委	2014/4/29	发改能源〔2014〕819 号	《大气污染防治成品油质量升级行动计划》

（二）2014—2023 年中国能源体制领域相关文件政策要点汇编

1.《关于建立煤炭产能储备制度的实施意见》

主要目的	· 深化煤炭供给侧结构性改革，创新产能管理机制，完善产能储备政策，推动煤炭产能保持合理裕度和足够弹性，增强供给保障能力。
内容要点	· 到 2027 年初步建立煤炭产能储备制度，形成一定规模的可调度产能储备，到 2030 年力争形成 3 亿吨/年左右可调度产能储备； · 从产能储备煤矿建设的工作规则、管理程序、配套支持政策三个方面部署了十三项重点工作。
关键举措	· 为规范产能储备煤矿建设，从规划、核准、建设、验收、生产等 5 个阶段确定了相关工作规则； · 提出了产能储备煤矿的申报条件、申报流程、确认程序、启用机制以及中长期合同签订相关要求； · 从产能置换、煤炭矿区总体规划及规划环评手续办理、新增产能指标等方面提出相关配套支持政策。

2.《关于进一步加快电力现货市场建设工作的通知》

主要目的	· 加快全国统一电力市场体系建设，推动构建清洁低碳、安全充裕、经济高效、供需协同、灵活智能的新型电力系统，有效助力构建新型能源体系。
内容要点	· 系统设计了进一步明确现货市场建设指南、进一步扩大经营主体范围、统筹做好类市场机制衔接、提升电力现货市场运营保障能力等四个方面十五项重点任务和政策措施。
关键举措	· 推动现货市场转入正式运行，有序扩大现货市场建设范围，加快区域电力市场建设，持续优化省间交易机制； · 加快放开各类电源参与电力现货市场，不断扩大用户侧主体参与市场范围，鼓励新型主体参与电力市场； · 做好现货与中长期交易衔接，加强现货交易与辅助服务衔接，完善电力市场价格体系，探索建立容量补偿机制； · 加强市场建设运营基础保障，规范开展信息披露工作，加强电力现货市场风险防控能力，充分发挥市场管理委员会作用。

3.《关于促进炼油行业绿色创新高质量发展的指导意见》

主要目的	·以供给侧结构性改革为主线，以科技创新为引领，加强能源资源节约，促进炼油行业绿色创新高质量发展，保障国家能源安全。
内容要点	·从推动产业优化升级、推进能源资源高效利用、加快绿色低碳发展、加强科技创新引领等四个方面部署了十七项重点任务。
关键举措	·优化产能结构布局，严控新增炼油产能，推进炼厂改造升级，加快淘汰落后产能，完善炼油行业管理； ·加强能效水效管理，推动系统用能优化，实施工艺装备升级，鼓励资源循环利用； ·引导炼油过程降碳，推进二氧化碳回收利用，支持制氢用氢降碳，探索加强碳排放管理； ·优化创新体制机制，加强软件开发应用，开发新型炼油技术，加快低碳技术研发。

4.《电力需求侧管理办法（2023 年版）》

主要目的	·深化电力需求侧管理，推动源网荷储协同互动，保障电力安全稳定运行，助力新型电力系统和新型能源体系建设。
内容要点	·系统设计了总则、节约用电、需求响应、绿色用电、电能替代、智能用电、有序用电、保障措施、附则共 9 章 54 条规定和具体措施。
关键举措	·规定电力需求侧管理的适用范围、部门职责、实施主体； ·结合碳达峰碳中和目标要求，分业施策、分类推进重点行业和领域节电降碳； ·明确需求响应能力建设目标，强调加快构建需求响应资源库，全面推进需求侧资源参与电力市场常态化运行； ·拓展电能替代广度和深度，强化通过市场化、智能化等手段，探索推动电能替代新模式、新业态； ·强化绿电消纳主体的责任与义务，激发全社会绿色电力消费潜力，推进能源电力绿色低碳转型； ·推动信息通信技术与用电技术融合应用，创新用电管理模式，培育电能服务新业态； ·规范有序用电管理，按照有保有限原则制定有序用电方案，维护供用电秩序平稳； ·从完善法律规章、强化统筹规划、健全标准体系、优化激励政策、重视科技创新、夯实能力建设、加强国际合作等方面为电力需求侧管理工作持续推进提供保障。

5.《关于深化矿产资源管理改革若干事项的意见》

主要目的	· 深化矿产资源管理改革，加强重要能源矿产资源国内勘探开发和增储上产，实施新一轮找矿突破战略行动，确保能源资源产业链供应链安全。
内容要点	· 部署了十一项重点任务。
关键举措	· 全面推进矿业权竞争性出让； · 严格控制矿业权协议出让； · 积极推进“净矿”出让； · 实行同一矿种探矿权、采矿权出让登记同级管理； · 开放油气勘查开采市场； · 实行油气探采合一制度； · 调整探矿权期限； · 执行新的矿产资源储量分类； · 强化矿产资源储量评审备案； · 明确评审备案范围和权限； · 规范财政出资地质勘查工作。

6.《关于做好可再生能源绿色电力证书全覆盖工作 促进可再生能源电力消费的通知》

主要目的	· 实现绿证对可再生能源电力的全覆盖，促进可再生能源电力消费，保障可再生能源电力消纳，服务能源安全保供和绿色低碳转型。
内容要点	· 从明确绿证适用范围、规范绿证核发、完善绿证交易、做好绿证应用、鼓励绿电消费、强化绿证监管等六个方面部署了十五项具体工作。
关键举措	· 提升绿证的权威性、唯一性和通用性，明确绿证的适用范围； · 拓展绿证核发范围，区别品类提出具体要求，明确核发信息来源； · 拓展绿证交易平台，明确绿证交易方式，明确绿证收益归属； · 支撑绿色电力交易，核算可再生能源消费，认证绿色电力消费，衔接碳市场，推动绿证国际互认； · 开展绿证宣传和推广工作，鼓励社会各用能单位主动承担可再生能源电力消费社会责任； · 严格防范、严厉查处弄虚作假行为。

7.《关于深化电力体制改革加快构建新型电力系统的指导意见》

主要目的	· 深化电力体制改革，加快构建清洁低碳、安全充裕、经济高效、供需协同、灵活智能的新型电力系统，推动能源生产和消费革命，保障国家能源安全和能源绿色转型。
内容要点	· 围绕构建新型电力系统部署了三项重点任务。
关键举措	· 科学合理设计新型电力系统建设路径，在新能源安全可靠替代的基础上，有计划分步骤逐步降低传统能源比重； · 健全适应新型电力系统的体制机制，推动加强电力技术创新、市场机制创新、商业模式创新； · 推动有效市场同有为政府更好结合，不断完善政策体系，做好电力基本公共服务供给。

8.《关于进一步深化石油天然气市场体系改革提升国家油气安全保障能力的实施意见》

主要目的	· 围绕提升国家油气安全保障能力的目标，针对油气体制机制存在的突出问题，积极稳妥推进油气行业上游、中游、下游体制机制改革，确保油气稳定可靠供应。
内容要点	· 围绕进一步深化石油天然气市场体系改革部署了三项重点任务。
关键举措	· 深化石油天然气市场体系改革，加强产供储销体系建设； · 加大市场监管力度，强化分领域监管和跨领域协同监管，规范油气市场秩序，促进公平竞争； · 深化油气储备体制改革，发挥好储备的应急和调节能力。

9.《关于推动能耗双控逐步转向碳排放双控的意见》

主要目的	· 要立足中国生态文明建设已进入以降碳为重点战略方向的关键时期，完善能源消耗总量和强度调控，重点控制化石能源消费，逐步转向碳排放总量和强度“双控”制度，积极稳妥推进碳达峰碳中和。
内容要点	· 构建碳排放统计核算体系、产品碳标识认证制度、产品碳足迹管理体系，健全碳市场交易制度、温室气体自愿减排交易制度等重点工作。

关键举措	· 完善顶层设计，建立健全碳达峰碳中和法律法规标准体系； · 依托全国碳市场和省级行政主体分解碳排放总量控制目标； · 完善碳市场机制，广泛凝聚减排共识； · 加强省级碳减排工作过程监管，完善碳排放“双控”目标考核制度； · 建立健全碳排放“双控”目标落实评估机制，不断完善碳排放“双控”目标支持政策。

10.《工业重点领域能效标杆水平和基准水平（2023年版）》

主要目的	· 统筹产业结构调整、推动制造业绿色发展、推进工业等领域清洁低碳转型、推动传统产业改造升级。
内容要点	· 围绕工业重点领域清洁低碳转型部署了五项重点工作； · 针对九个行业大类提出了能效标杆水平和基准水平指标。
关键举措	· 拓展重点领域范围； · 强化能效水平引领； · 推动分类改造升级； · 做好工作统筹衔接； · 完善相关配套政策。

11.《矿业权出让收益征收办法》

主要目的	· 进一步健全矿产资源有偿使用制度，规范矿业权出让收益征收管理，维护矿产资源国家所有者权益，促进矿产资源保护与合理利用，推动相关行业健康有序发展。
内容要点	· 系统设计了总则、出让收益征收方式、缴款及退库、新旧政策衔接、监管和附则共6章37条具体规定。
关键举措	· 明确矿业权出让收益的定义、适用范围、收入划分、职责分工和征收地； · 明确按出让收益率征收的方式，降低按金额形式征收的首付比例，延长分期缴款年限，细化市场基准价的相关规定； · 明确自然资源、税务部门之间的费源信息传递机制，对矿业权人据实申报和缴款责任作出规定，细化了退库职责分工和办事流程； · 分类明确新老矿业权的出让收益征收政策； · 明确各级财政、自然资源和税务主管部门的监督管理职责分工。

12.《关于加强电力可靠性管理工作的意见》

主要目的	·提升中国电力可靠性管理水平，保障电力可靠供应，更好服务新时代经济社会发展。
内容要点	·充分认识加强电力可靠性管理工作的重要性，提出了四个方面十七项重点工作。
关键举措	·完善电力可靠性管理工作体系； ·落实电力企业可靠性管理主体责任； ·鼓励社会各方积极参与电力可靠性管理； ·加强电力可靠性信息管理。

13.《关于促进新时代新能源高质量发展的实施方案》

主要目的	·锚定到 2030 年中国风电、太阳能发电总装机容量目标，加快构建清洁低碳、安全高效的能源体系。
内容要点	·围绕新能源发展的难点、堵点问题，提出了七个方面二十一项具体政策举措； ·坚持“先立后破、以立为先”，通过一揽子政策支持措施，重点解决新能源“立”的问题。
关键举措	·创新新能源开发利用模式； ·加快构建适应新能源占比逐渐提高的新型电力系统； ·深化新能源领域“放管服”改革； ·支持引导产业健康发展； ·保障合理空间需求； ·充分发挥生态环境保护效益； ·完善财政金融政策。

14.《财政支持做好碳达峰碳中和工作的意见》

主要目的	·积极构建有利于促进资源高效利用和绿色低碳发展的财税政策体系，推动有为政府和有效市场更好结合，支持如期实现碳达峰碳中和目标。
内容要点	·到 2025 年财政政策工具不断丰富，2030 年前有利于绿色低碳发展的财税政策体系基本形成，2060 年前财政支持绿色低碳发展政策体系成熟健全； ·明确了六个重点支持方向和领域； ·提出了五项具体财政政策措施。

关键举措	· 支持建设清洁低碳、安全高效的能源体系； · 支持重点行业领域绿色低碳转型； · 支持绿色低碳科技创新和基础能力建设； · 支持绿色低碳生活和资源节约利用； · 支持完善绿色低碳市场体系； · 强化财政资金支持引导作用，健全市场化多元化投入机制，发挥税收政策激励约束作用，完善政府绿色采购政策，加强应对气候变化国际合作。

15.《关于进一步完善煤炭市场价格形成机制的通知》

主要目的	· 引导煤炭价格在合理区间运行，完善煤、电价格传导机制，保障能源安全稳定供应，推动煤、电上下游协调高质量发展。
内容要点	· 为完善煤炭市场价格形成机制部署了三项重点任务； · 规定重点地区煤炭出矿环节中长期交易价格合理区间。
关键举措	· 综合采取供需衔接、储备吞吐、进出口调节、运输协调等措施，引导煤炭价格在合理区间运行； · 完善煤、电价格传导机制，引导煤、电价格主要通过中长期交易形成； · 提升煤炭市场供需调节能力，强化煤炭市场预期管理，加强煤、电市场监管。

16.《关于完善能源绿色低碳转型体制机制和政策措施的意见》

主要目的	· 加快构建清洁低碳、安全高效的能源体系，促进能源高质量发展和经济社会发展全面绿色转型，为实现碳达峰碳中和目标和建设现代化经济体系提供保障。
内容要点	·“十四五”时期，基本建立推进能源绿色低碳发展的制度框架；到 2030 年，基本建立完整的能源绿色低碳发展基本制度和政策体系； · 为完善能源绿色低碳转型体制机制提出了十项重点任务和三十五条具体措施。
关键举措	· 完善国家能源战略和规划实施的协同推进机制； · 完善引导绿色能源消费的制度和政策体系； · 建立绿色低碳为导向的能源开发利用新机制； · 完善新型电力系统建设和运行机制； · 完善化石能源清洁高效开发利用机制； · 健全能源绿色低碳转型安全保供体系； · 建立支撑能源绿色低碳转型的科技创新体系； · 建立支撑能源绿色低碳转型的财政金融政策保障机制； · 促进能源绿色低碳转型国际合作； · 完善能源绿色低碳发展相关治理机制。

17.《“十四五”现代能源体系规划》

主要目的	·加快构建现代能源体系，保障国家能源安全，力争如期实现碳达峰和碳中和目标，推动实现经济社会高质量发展。
内容要点	·从增强能源供应链安全性和稳定性、能源生产消费方式绿色低碳变革、提升能源产业链现代化水平等三个方面，推动现代能源体系构建。
关键举措	·强化战略安全保障、提升运行安全水平、加强应急安全管控； ·大力发展非化石能源、推动构建新型电力系统； ·减少能源产业碳足迹、完善能耗“双控”与碳排放“双控”制度； ·合理配置能源资源； ·统筹提升区域能源发展水平、积极推动乡村能源变革； ·提升能源产业链现代化水平； ·增强能源治理效能； ·构建开放共赢能源国际合作新格局。

18.《关于加快建设全国统一电力市场体系的指导意见》

主要目的	·建设全国统一电力市场体系，实现电力资源在更大范围内共享互济和优化配置，提升电力系统稳定性和灵活调节能力，推动形成适应中国国情、有更强新能源消纳能力的新型电力系统。
内容要点	·到 2025 年，全国统一电力市场体系初步建成。到 2030 年，全国统一电力市场体系基本建成，电力资源在全国范围内得到进一步优化配置； ·从健全多层次统一电力市场体系、完善统一电力市场体系的功能、健全统一电力市场体系的交易机制、加强电力统筹规划和科学监管以及构建适应新型电力系统的市场机制等五个方面部署了二十项具体工作。
关键举措	·加快建设国家电力市场，稳步推进省（区、市）/区域电力市场建设，引导各层次电力市场协同运行，有序推进跨省跨区市场间开放合作； ·持续推动电力中长期市场建设，积极稳妥推进电力现货市场建设，持续完善电力辅助服务市场，培育多元竞争的市场主体； ·规范统一市场基本交易规则和技术标准，完善电力价格形成机制，做好市场化交易与调度运行的高效衔接，加强信息共享和披露； ·健全适应市场化环境的电力规划体系，完善现代电力市场监管体制，健全电力市场信用体系，完善电力应急保供机制； ·提升电力市场对高比例新能源的适应性，因地制宜建立发电容量成本回收机制，探索开展绿色电力交易，健全分布式发电市场化交易机制。

19.《"十四五"节能减排综合工作方案》

主要目的	·大力推动节能减排，加快建立健全绿色低碳循环发展经济体系，推进经济社会发展全面绿色转型。
内容要点	·聚焦重点行业和关键环节，部署开展节能减排十大重点工程； ·从八个方面健全节能减排政策机制。
关键举措	·推进重点行业节能改造和污染物深度治理； ·推动工业园区能源系统整体优化和污染综合整治； ·全面推进城镇绿色规划、绿色建设、绿色运行管理； ·推动交通物流节能减排； ·推进农业农村节能减排； ·提升公共机构能效； ·强化重点区域污染治理； ·推动煤炭清洁高效利用； ·加强挥发性有机物综合整治； ·提升环境基础设施水平。

20.《电力安全生产"十四五"行动计划》

主要目的	·牢固树立"四个安全"治理理念，不断提升全国电力安全生产水平，保障电力系统安全稳定运行和电力可靠供应。
内容要点	·到2025年底，电力安全生产监督管理量化评价指标体系基本形成，电力安全治理体系基本完善，治理能力现代化水平明显提升； ·提出了九项主要任务和十六项重点行动。
关键举措	·电力安全生产政策法规体系建设行动； ·量化评价指标体系建设行动； ·电网安全运行水平提升行动； ·构建新型电力系统安全技术体系专项行动； ·强化新能源安全管理专项行动； ·强化常规发电安全管理专项行动； ·加强水电站大坝安全管理专项行动； ·电力工程建设安全水平提升行动； ·电力监控系统安全防护能力提升行动； ·网络与信息安全基础能力提升行动； ·电力应急体系建设专项行动； ·电力应急能力现代化建设行动； ·电力安全生产反违章行动； ·安全教育培训体系构建行动； ·安全文化精品工程建设推广行动； ·电力安全审计行动。

21.《2030 年前碳达峰行动方案》

主要目的	· 有力有序有效做好碳达峰工作，加快实现生产生活方式绿色变革，确保如期实现 2030 年前碳达峰目标。
内容要点	· 聚焦“十四五”和“十五五”两个碳达峰关键期，提出了提高非化石能源消费比重、提升能源利用效率、降低二氧化碳排放水平等三个方面主要目标； · 部署实施“碳达峰十大行动”。
关键举措	· 能源绿色低碳转型行动； · 节能降碳增效行动； · 工业领域碳达峰行动； · 城乡建设碳达峰行动； · 交通运输绿色低碳行动； · 循环经济助力降碳行动； · 绿色低碳科技创新行动； · 碳汇能力巩固提升行动； · 绿色低碳全民行动； · 各地区梯次有序碳达峰行动。

22.《关于完整准确全面贯彻新发展理念做好碳达峰碳中和工作的意见》

主要目的	· 加快形成节约资源和保护环境的产业结构、生产方式、生活方式、空间格局，坚定不移走生态优先、绿色低碳的高质量发展道路，确保如期实现碳达峰碳中和。
内容要点	· 坚持系统观念，提出了十个方面三十一项重点任务，明确了碳达峰碳中和工作的路线图。
关键举措	· 推进经济社会发展全面绿色转型； · 深度调整产业结构； · 加快构建清洁低碳、安全高效能源体系； · 加快推进低碳交通运输体系建设； · 提升城乡建设绿色低碳发展质量； · 加强绿色低碳重大科技攻关和推广应用； · 持续巩固提升碳汇能力； · 提高对外开放绿色低碳发展水平； · 健全法律法规标准和统计监测体系； · 完善政策机制。

23.《"十四五"可再生能源发展规划》

主要目的	· 推动能源行业结构优化升级，进一步提升煤电机组清洁高效灵活性水平，促进电力行业清洁低碳转型。
内容要点	· 锚定碳达峰碳中和目标，设置了四个方面的主要目标，主要从供给、消费、技术、体制、国际合作等五个方面部署了重点任务。
关键举措	· 优化发展方式，坚持因地制宜、生态优先开发可再生能源； · 促进存储消纳，高比例利用可再生能源； · 坚持创新驱动，高质量发展可再生能源； · 健全体制机制，市场化发展可再生能源； · 坚持开放融入，深化可再生能源国际合作。

24.《关于加快建立健全绿色低碳循环发展经济体系的指导意见》

主要目的	· 统筹推进高质量发展和高水平保护，建立健全绿色低碳循环发展的经济体系，确保实现碳达峰碳中和目标，推动中国绿色发展迈上新台阶。
内容要点	· 到 2025 年，绿色低碳循环发展的生产体系、流通体系、消费体系初步形成。到 2035 年，美丽中国建设目标基本实现； · 从生产、流通、消费、基础设施、绿色技术、法律法规政策等六个方面对绿色低碳循环发展作出了部署，并明确了八十五项重点任务。
关键举措	· 健全绿色低碳循环发展的生产体系； · 健全绿色低碳循环发展的流通体系； · 健全绿色低碳循环发展的消费体系； · 加快基础设施绿色升级； · 构建市场导向的绿色技术创新体系； · 完善法律法规政策体系。

25.《电力中长期交易基本规则》

主要目的	· 规范电力中长期交易，依法维护电力市场主体的合法权益，推进统一开放、竞争有序的电力市场体系建设。
内容要点	· 系统设计了总则、市场成员、市场注册、变更与注销、交易品种和交易方式、价格机制、交易组织、安全校核、合同签订与执行、计量和结算、信息披露、市场监管和风险防控、附则共 12 章 128 条具体规则。

关键举措	·明确了中长期交易定义、适用范围和组织实施； ·界定了各类市场成员的权利和义务，明确了市场准入和退出的基本条件和相关程序； ·规定了市场注册、变更与注销业务的条件和程序； ·定义了适用于本规则的交易品种，明确了各品种的交易方式； ·规定了不同交易方式的价格机制，电力中长期交易的成交价格应当由市场主体通过双边协商、集中交易等市场化方式形成； ·明确了年度（多年）交易、月度交易和月内（多日）交易等不同交易方式的标的物和程序； ·明确了交易机构和调度机构在安全校核中的职能分工和工作流程； ·规范了企业的合同签订与执行； ·规定了市场主体计量装置的基本要求，明确了结算流程； ·分类界定社会公众信息、市场公开信息和私有信息，并规范了披露要求； ·明确了不同监管机构的职责以及采取市场干预措施的适用范围。

26.《关于推进电力交易机构独立规范运行的实施意见》

主要目的	·构建主体多元、竞争有序的电力交易格局，形成适应市场要求的电价机制。
内容要点	·2025 年底前，基本建成主体规范、功能完备、品种齐全、高效协同、全国统一的电力交易组织体系； ·部署了七项重点任务，推进电力交易机构独立规范运行。
关键举措	·进一步厘清交易机构、市场管理委员会和调度机构的职能定位； ·完善电力交易规则制定程序； ·加快推进交易机构股份制改造； ·规范交易机构的人员、资产和财务管理； ·共同做好电力市场交易组织实施； ·健全信息共享和安全保障机制； ·加强专业化监管体系建设。

27.《油气管网设施公平开放监管办法》

主要目的	·提高油气管网设施利用效率，促进油气安全稳定供应，规范油气管网设施开放行为，维护油气管网设施运营企业和用户的合法权益。
内容要点	·从制度基础、基本原则、解决方案和强化监管等四个方面设计了 8 章 42 条具体规定。

关键举措	· 规定了加强统筹规划、鼓励基础设施投资建设、提升互联互通水平、实现管网设施独立核算和独立运营、减少油气供应中间环节等条款，为油气管网设施公平开放奠定制度基础； · 明确了公平开放的基本原则，油气管网设施运营企业应当无歧视地向符合开放条件的用户提供服务； · 围绕服务申请与受理、信息公开、天然气计量计价方式改革等影响公平开放的突出问题新设条款，规定了关键问题的解决方案； · 强化了对开放服务的公平性监管，以信息监管和信用监管为重点，统筹规定了现场监管、协调调解、投诉举报、监管通报、责任追究等措施。

28.《关于建立健全可再生能源电力消纳保障机制的通知》

主要目的	· 建立健全可再生能源电力消纳保障机制，促进可再生能源开发利用，加快构建清洁低碳、安全高效的能源体系。
内容要点	· 提出了可再生能源电力消纳责任权重确定和消纳量核算方法等十三项具体规定，按省级行政区域确定消纳责任权重（包括可再生能源和非水电可再生能源）。
关键举措	· 对电力消费设定可再生能源电力消纳责任权重； · 按省级行政区域确定消纳责任权重； · 各省级能源主管部门牵头承担消纳责任权重落实责任； · 售电企业和电力用户协同承担消纳责任； · 电网企业承担经营区消纳责任权重实施的组织责任； · 做好消纳责任权重实施与电力交易衔接； · 消纳量核算方式； · 消纳量监测核算和交易； · 做好可再生能源电力消纳相关信息报送； · 省级能源主管部门负责对承担消纳责任的市场主体进行考核； · 国家按省级行政区域监测评价； · 超额完成消纳量不计入“十三五”能耗考核； · 加强消纳责任权重实施监管。

29.《石油天然气管网运营机制改革实施意见》

主要目的	· 推动形成上游油气资源多主体多渠道供应、中间统一管网高效集输、下游销售市场充分竞争的油气市场体系，提高油气资源配置效率，保障油气安全稳定供应。

内容要点	·就推动石油天然气管网运营机制改革提出了几点意见。
关键举措	·组建国有资本控股、投资主体多元化的石油天然气管网公司，从事油气干线管网及储气调峰等基础设施的投资建设和运营，负责干线管网互联互通和与社会管道联通，以及全国油气管网的运行调度。

30.《能源行业深入推进依法治理工作的实施意见》

主要目的	·促进能源立法与发展改革相协调，努力实现能源治理体系和治理能力现代化，为推进能源生产和消费革命，构建清洁低碳、安全高效的能源体系提供法治保障。
内容要点	·到 2020 年，能源法规制度体系基本建成；到 2025 年，能源法律法规制度体系已经形成，实现依法治理体系和治理能力现代化； ·为促进能源依法治理明确了七项主要任务。
关键举措	·积极推进能源立法，健全能源法律制度体系； ·规范依法行政决策程序，严格实施阳光执法； ·多措并举推进普法工作，营造能源法治良好氛围； ·畅通权利救济渠道，保障行政相对人合法权益； ·加强合法性管理，构建公平竞争的市场规则体系； ·深化“放管服”改革，规范权力运行； ·加强法治队伍建设，提升能源行业法治化水平。

31.《关于促进天然气协调稳定发展的若干意见》

主要目的	·有效解决天然气发展不平衡不充分问题，确保国内快速增储上产，供需基本平衡，设施运行安全高效，民生用气保障有力，市场机制进一步理顺，实现天然气产业健康有序安全可持续发展。
内容要点	·从加强产供储销体系建设和深化天然气领域改革等两个方面部署了十项重点工作。
关键举措	·加大国内勘探开发力度； ·健全天然气多元化海外供应体系； ·构建多层次储备体系； ·强化天然气基础设施建设与互联互通； ·建立天然气供需预测预警机制； ·建立天然气发展综合协调机制； ·建立健全天然气需求侧管理和调峰机制； ·建立完善天然气供应保障应急体系； ·理顺天然气价格机制； ·强化天然气全产业链安全运行机制。

32.《关于理顺居民用气门站价格的通知》

主要目的	· 进一步深化资源性产品价格改革，充分发挥市场在资源配置中的决定性作用，促进天然气产供储销体系建设和行业持续健康发展。
内容要点	· 部署了四项重点任务； · 发布了各省（区、市）天然气基准门站价格表。
关键举措	· 理顺居民用气门站价格，建立反映供求变化的弹性价格机制； · 推行季节性差价政策，鼓励市场化交易； · 合理疏导终端销售价格，从紧安排调价幅度； · 对低收入群体等给予适当补贴，保障基本民生。

33.《关于加快储气设施建设和完善储气调峰辅助服务市场机制的意见》

主要目的	· 加快推进天然气产供储销体系建设，补足储气调峰短板，形成责任明确、各方参与、成本共担、机制顺畅、灵活高效的储气调峰体系。
内容要点	· 提出 2020 年政府、供气企业、城镇燃气企业储气能力建设的具体目标； · 部署了五个方面十一项重点任务。
关键举措	· 加强规划统筹，构建多层次储气系统； · 构建规范的市场化调峰机制； · 构建储气调峰辅助服务市场； · 加强市场监管，构建规范有序的市场环境； · 加强储气调峰能力建设情况的跟踪调度，对推进不力、违法失信等行为实行约谈问责和联合惩戒。

34.《关于进一步推进煤炭企业兼并重组转型升级的意见》

主要目的	· 促进煤炭企业加快兼并重组和上下游深度融合发展，大幅提高煤矿规模化、集约化、现代化水平，实现煤炭行业转型升级。
内容要点	· 到 2020 年底，争取在全国形成若干个具有较强国际竞争力的亿吨级特大型煤炭企业集团，发展和培育一批现代化煤炭企业集团； · 提出了推进煤炭企业兼并重组转型升级的四条主要途径和十二项具体政策措施。

关键举措	主要途径： · 支持有条件的煤炭企业之间实施兼并重组； · 支持发展煤电联营； · 支持煤炭与煤化工企业兼并重组； · 支持煤炭与其他关联产业企业兼并重组。 政策措施： · 支持土地矿产处置； · 完善煤矿新建项目核准审批条件； · 严格安全、环保法规、质量标准及技术规范标准约束； · 强化煤炭企业诚实守信政策引导； · 实行兼并重组重点对象企业和主体企业名录管理； · 支持兼并重组企业市场融资和资产债务重组； · 对不具备长期发展条件、列入兼并重组重点对象的煤炭企业实行审慎的信贷政策、审慎的关联产业政策、加强债券风险防范。

35.《完善电力辅助服务补偿（市场）机制工作方案》

主要目的	· 深入落实电力体制改革各项措施，进一步还原电力商品属性，构建有效竞争的市场结构和市场体系，在更大范围内优化资源配置。
内容要点	· 提出全面推进电力辅助服务补偿（市场）工作的三阶段目标； · 从完善现有相关规则条款、建立电力中长期交易涉及的电力用户参与电力辅助服务分担共享机制和分类型推进跨省跨区电力辅助服务补偿等三个方面部署了十七项重点任务。
关键举措	· 实现电力辅助服务补偿项目全覆盖，实现省级及以上电力调度机构调度的发电机组全部纳入电力辅助服务管理范围，实现电力辅助服务补偿力度科学化，鼓励采用竞争方式确定电力辅助服务承担机组，鼓励自动发电控制和调峰服务按效果补偿，按需扩大电力辅助服务提供主体； · 电力辅助服务参与主体增加电力用户，规定电力用户参与电力辅助服务的不同方式以及相应的费用分摊机制； · 推进国家指令性计划、地方政府协议跨省跨区电能交易辅助服务补偿工作，市场化跨省跨区电能交易全面实施跨省跨区电力辅助服务补偿。

36.《关于深化石油天然气体制改革的若干意见》

主要目的	· 建立健全竞争有序、有法可依、监管有效的石油天然气体制机制，实现国家利益、企业利益、社会利益有机统一。

内容要点	·部署了八个方面的重点改革任务。
关键举措	·完善并有序放开油气勘查开采领域，提升资源接续保障能力； ·完善油气进出口管理政策，提升国际国内资源利用能力和市场风险防范能力； ·改革油气管网运营机制，提升集约输送和公平服务能力； ·深化下游竞争性环节改革，提升优质油气产品生产供应能力； ·改革油气产品定价机制，有效释放竞争性环节市场活力； ·深化国有油气企业改革，充分释放骨干油气企业活力； ·完善油气储备体系，提升油气战略安全保障供应能力； ·建立健全油气安全环保体系，提升全产业链安全清洁运营能力。

37.《中长期油气管网规划》

主要目的	·大力发展天然气管网，优化完善原油和成品油管道，提升储备调峰设施能力，提高系统运行智能化水平，着力构建布局合理、覆盖广泛、外通内畅、安全高效的现代油气管网。
内容要点	·到 2020 年，全国油气管网规模达到 16.9 万公里；到 2025 年，全国油气管网规模达到 24 万公里；到 2030 年，基本建成现代油气管网体系； ·提出了五项规划布局和六项保障措施。
关键举措	·拓展“一带一路”进口通道； ·加强天然气管道基础网络； ·完善原油管道通道布局； ·优化成品油管道网络结构； ·加快油气储备调峰设施建设。

38.《煤炭深加工产业示范“十三五”规划》

主要目的	·加强煤炭深加工自主创新，加快先进技术产业化，推动重大示范项目建设，将煤炭深加工产业培育成为中国现代能源体系的重要组成部分。
内容要点	·预计 2020 年，煤制油产能为 1300 万吨/年、煤制天然气产能为 170 亿立方米/年、低阶煤分质利用产能为 1500 万吨/年； ·重点开展煤制油、煤制天然气、低阶煤分质利用、煤制化学品、煤炭和石油综合利用等五类模式及通用技术装备的升级示范； ·提出了六项保障措施。

关键举措	·切实加强调控引导； ·优化自主创新环境； ·推动市场公平准入； ·研究完善支持政策； ·加快标准体系建设； ·加强国际交流合作。

39.《能源发展“十三五”规划》

主要目的	·全面推进能源生产和消费革命，努力构建清洁低碳、安全高效的现代能源体系，为全面建成小康社会提供坚实的能源保障。
内容要点	·提出了2020年能源发展的主要目标； ·从着力优化能源系统、推动能源消费革命、推动能源供给革命、推动能源技术革命、推动能源体制革命、加强能源国际合作、实现能源共享发展七个方面部署了三十项重点任务； ·从健全能源法律法规体系、完善能源财税投资政策、强化能源规划实施机制等三个方面提出了八项保障措施。
关键举措	·优化能源开发布局，加强电力系统调峰能力建设，实施能源需求响应能力提升工程，实施多能互补集成优化工程，积极推动“互联网＋”智慧能源发展； ·实施能源消费总量和强度“双控”，开展煤炭消费减量行动，拓展天然气消费市场，实施电能替代工程，开展成品油质量升级专项行动，创新生产生活用能模式； ·着力化解和防范产能过剩，推进非化石能源可持续发展，夯实油气资源供应基础，补齐能源基础设施短板； ·加强科技创新能力建设，推进重点技术与装备研发，实施科技创新示范工程； ·完善现代能源市场，推进能源价格改革，深化电力体制改革，推进油气体制改革，加强能源治理能力建设； ·推进能源基础设施互联互通，加大国际技术装备和产能合作，积极参与全球能源治理； ·完善居民用能基础设施，精准实施能源扶贫工程，提高能源普遍服务水平，大力发展农村清洁能源。

40.《石油发展“十三五”规划》

主要目的	·加强国内勘探开发，完善优化管网布局，强化科技创新，构建安全稳定、开放竞争、绿色低碳、协调发展的现代石油产业体系，保障经济社会可持续发展。
内容要点	·提出了“十三五”时期的储量、石油供应和基础设施能力目标； ·从加强勘探开发保障国内资源供给，推进原油、成品油管网建设，加快石油储备能力建设，坚持石油节约利用，大力发展清洁替代能源，加强科技创新和提高装备自主化水平等六个方面部署了十项重点任务。
关键举措	·加强基础地质调查和资源评价，加强勘探实现石油增储稳产； ·推进原油管道建设，加快成品油管道建设； ·加快国家石油储备基地建设，稳步落实储备规划，健全石油储备制度； ·推进石油行业能效提升，提高原油商品率，持续开展工业、交通和建筑等重点领域节能，推进终端燃油产品能效提升和重点用能行业能效水平对标达标； ·大力推广电能、天然气等对燃油的清洁化替代，推进煤制油、煤制气产业示范，促进生物质能的开发和利用； ·发挥企业创新主体地位和主导作用，加强基础研究，强化原始创新、集成创新和引进消化后再创新，研发一批支撑深水、深层、非常规油气资源开发的重大装备。

41.《天然气发展“十三五”规划》

主要目的	·创新体制机制，统筹协调发展，以提高天然气在一次能源消费结构中的比重为发展目标，大力发展天然气产业，逐步把天然气培育成主体能源之一，构建结构合理、供需协调、安全可靠的现代天然气产业体系。
内容要点	·提出了“十三五”时期的储量、供应能力、基础设施、市场体系建设目标； ·从加强勘探开发增加国内资源供给、加快天然气管网建设、加快储气设施建设提高调峰储备能力、培育天然气市场和促进高效利用等四个方面部署了十二项重点任务。
关键举措	·加强基础地质调查和资源评价，加快常规天然气增产步伐，非常规天然气重点突破页岩气、煤层气； ·完善四大进口通道，提高干线管输能力，加强区域管网和互联互通管道建设； ·重点推动天然气储备调峰能力建设，推进 LNG 接收站及分销设施建设； ·大气污染治理重点地区等气化工程，天然气发电及分布式能源工程，交通领域气化工程，节约替代工程。

42.《煤炭工业发展“十三五”规划》

主要目的	· 着力化解煤炭过剩产能，着力调整产业结构和优化布局，着力推进清洁高效低碳发展，着力加强科技创新，着力深化体制机制改革，努力建设集约、安全、高效、绿色的现代煤炭工业体系，实现煤炭工业由大到强的历史跨越。
内容要点	· 到 2020 年基本建成集约、安全、高效、绿色的现代煤炭工业体系； · 部署了十项重点任务。
关键举措	· 优化生产开发布局； · 加快煤炭结构优化升级； · 推进煤炭清洁生产； · 促进煤炭清洁高效利用； · 提升安全保障能力； · 加强煤炭科技创新； · 加快煤层气产业发展； · 深化煤炭行业改革； · 发展煤炭服务产业； · 推进全方位国际合作。

43.《页岩气发展规划（2016—2020 年）》

主要目的	· 发展完善适合中国特点的页岩气安全、环保、经济开发技术和管理模式，大幅度提高页岩气产量，把页岩气打造成中国天然气供应的重要组成部分。
内容要点	· 2020 年力争实现页岩气产量 300 亿立方米，2030 年实现页岩气产量 800 亿 ~ 1000 亿立方米； · 部署了四项重点任务，提出了五项保障措施。
关键举措	· 大力推进科技攻关； · 分层次布局勘探开发； · 加强国家级页岩气示范区建设； · 完善基础设施及市场； · 加强资源调查评价，强化关键技术攻关，推动体制机制创新，加大政策扶持力度，建立滚动调整机制。

44.《关于进一步完善成品油价格形成机制有关问题的通知》

主要目的	·进一步完善成品油价格机制，并进一步推进价格市场化。
内容要点	·从完善成品油价格形成机制、发布《石油价格管理办法》、做好相关配套工作等三个方面提出了八项具体措施。
关键举措	·设定成品油价格调控下限，建立油价调控风险准备金，放开液化石油气出厂价格，简化成品油调价操作方式； ·发布《石油价格管理办法》，系统设计了总则、价格制定与调整、信息发布、价格监督检查、附则共 5 章 22 条具体措施和规定； ·确保市场供应，维护市场秩序，加强市场监测。

45.《煤炭清洁高效利用行动计划（2015—2020 年）》

主要目的	·加快发展高效燃煤发电和升级改造，实施燃煤锅炉提升工程，着力推动煤炭分级分质梯级利用，推进废弃物资源化综合利用，实现煤炭清洁高效利用。
内容要点	·到 2017 年，全国原煤入选率达到 70% 以上，现代煤化工产业化示范取得初步成效；到 2020 年，原煤入选率达到 80% 以上，现代煤化工产业化示范取得阶段性成果，建设一批煤炭清洁高效利用示范工程项目。 ·部署了七项重点工作。
关键举措	·推进煤炭洗选和提质加工，提高煤炭产品质量； ·发展超低排放燃煤发电，加快现役燃煤机组升级改造； ·改造提升传统煤化工产业，稳步推进现代煤化工产业发展； ·实施燃煤锅炉提升工程，推广应用高效节能环保型锅炉； ·开展煤炭分质分级梯级利用，提高煤炭资源综合利用效率； ·加大民用散煤清洁化治理力度，减少煤炭分散直接燃烧； ·推进废弃物资源化利用，减少污染物排放。

46.《关于进一步深化电力体制改革的若干意见》

主要目的	·进一步深化电力体制改革，解决制约电力行业科学发展的突出矛盾和深层次问题，促进电力行业又好又快发展，推动结构转型和产业升级。
内容要点	·从七个方面部署了二十八项重点任务。

关键举措	· 有序推进电价改革，理顺电价形成机制； · 推进电力交易体制改革，完善市场化交易机制； · 建立相对独立的电力交易机构，形成公平规范的市场交易平台； · 推进发用电计划改革，更多发挥市场机制的作用； · 稳步推进售电侧改革，有序向社会资本放开售电业务； · 开放电网公平接入，建立分布式电源发展新机制； · 加强电力统筹规划和科学监管，提高电力安全可靠水平。

47.《关于调控煤炭总量优化产业布局的指导意见》

主要目的	· 大力调控煤炭总量、优化产业布局，推动煤炭行业脱困，促进煤炭工业长期健康发展。
内容要点	· 部署了八项重点工作。
关键举措	· 优化新建项目布局； · 严格新增产能项目审批； · 严肃处理在建违规项目； · 加强现有生产能力管理； · 加快淘汰落后产能； · 引导企业有序组织生产； · 加强商品煤质量管理； · 深化煤炭企业改革。

48.《大气污染防治成品油质量升级行动计划》

主要目的	· 扎实有效推进全国成品油质量升级工作，促进炼油产业科学有序发展。
内容要点	· 明确了 2014 年至 2017 年成品油质量升级的具体目标，2014 年至 2017 年底全部炼厂质量升级完成后，预计可实现二氧化硫直接减排 11.2 万吨； · 部署了八个方面二十七项重点任务。
关键举措	· 加快油品质量升级，按期完成既定任务； · 加大技术改造力度，提升产业整体水平； · 优先重点区域供应，如期实现首要目标； · 立足全国市场需求，确保清洁油品供应； · 优化炼油产能结构，促进行业转型升级； · 明确升级企业条件，严格安全环保要求； · 切实履行职责分工，强化行业监督管理； · 建立上下协作机制，完善落实配套措施。

说明及致谢

为深入贯彻落实能源安全新战略，国务院发展研究中心资源与环境政策研究所组织业内专家学者，分析总结自 2014 年以来中国能源体制革命的进展和成效，系统梳理能源体制革命向“市场化、法治化、国际化、数字化”纵深推进的一系列新做法和新方向，并在研究中深入调研和分析了一些典型案例，最后形成《中国能源革命进展报告　能源体制革命（2024）》报告。希望此书出版，能为中国能源安全新战略深入推进及相关研究提供有价值的参考。

我们诚挚地感谢各相关部门、研究机构、高等院校、行业学会、企业、国际机构，以及众多专家对此项研究的大力支持和帮助。

特别要感谢以下院士在百忙之中对《中国能源革命进展报告　能源体制革命（2024）》编写工作的精心指导和无私奉献（按姓氏笔画排序）：

马永生　于俊崇　毛景文　刘　合　汤广福　孙友宏

孙丽丽　杜祥琬　李　阳　李华军　张来斌　武　强

金之钧　周孝信　赵宪庚　郝　芳　贺克斌　贾承造

高德利　郭旭升　郭剑波　黄小卫　康红普　谢和平

感谢以下专家对《中国能源革命进展报告　能源体制革命（2024）》提出修改建议，以及在成稿过程中作出的贡献：

张玉清　孙耀唯　唐金荣　康重庆　应光伟　张粒子

张　刚　张少华　何润民　何春蕾　安丰全　陈　昀

夏文波　宋联昌　张道勇　宋　昶　陈珊珊　杨　平

杨浔英　冯　阔　冯　帆　王晓飞　唐艺宁　张　最

齐　奔　徐　洁　黄世龙　王彦哲　吴鼎文　孙佳玥

Progress Report on China's Energy Revolution

Energy System Revolution

(2024)

Institute for Resources and Environmental Policy Studies
Development Research Center of the State Council of China

Beijing
Metallurgical Industry Press
2024

Progress Report on China's Energy Revolution

Energy System Revolution (2024)

Supporting Institutions:

Institute of Energy, Peking University

China University of Petroleum (East China)

Jiangsu University of Science and Technology

Huawei Technologies Co., Ltd.

Petro China Southwest Oil & Gasfield Company

SINOPEC Shanghai Oil Products Company

Chinese Institute of Coal Science

Huadian Electric Power Research Institute Co., Ltd.

China Electricity Technology Market Association

Translater:

GUO Xiaohui

Preface

Over the decade in the new era, China has steadily advanced reforms in its energy system and mechanism. At the sixth meeting of the Central Leading Group for Financial and Economic Affairs in June 2014, General Secretary Xi Jinping put forward the proposal to expedite the formulation of a strategic revolution in energy production and consumption for 2030, which includes driving reforms in energy consumption, supply, technology and systems, as well as strengthening international cooperation across the board, providing fundamental guidance for China's all-around green transition and high-quality development in the energy sector. Promoting the energy system revolution for faster growth of the energy sector is the intrinsic requirement of China's high-quality energy development, which is as well the key point and the focus for China to balance the relationship between energy transition and development of China's energy sector in the new era. Between 2014 and 2024, China has made every effort to ensure that the market plays a greater role in the energy sector. Market access for both domestic and foreign capital has been further extended, private investment is growing, and investment entities have become increasingly diversified. China encourages the market to play a decisive role in determining energy prices. It has further relaxed control on the prices in competitive areas, and has preliminarily established a reasonable pricing mechanism for power transmission and distribution and oil and gas pipeline networks. Now, in a better business environment and a more viable market, market entities and individuals enjoy more convenient services and find it easier to start businesses. China coordinates energy reform with law-based governance, and the legal framework regarding the energy sector has been improved.

China is committed to advancing the energy system revolution, which requires steadfastly pushing forward reforms and marketizing energy commodities. In the new era, promoting the energy system revolution to build a unified and open high-standard energy market system with orderly competition, complete institutions and sound governance is fundamental for allowing the market to play a decisive role in resource allocation. In the new era, promoting the energy system revolution to develop a modern energy market system where enterprises operate independently and compete fairly, consumers have free choice and autonomy in consumption, and goods and factors of production flow freely and are exchanged on an equal footing is the important goal of the new energy system construction. In the new era, promoting the energy system revolution to establish a modern energy system with effective market mechanism, vibrant micro-entities and moderate macro-control is the intrinsic requirement of the new energy system construction. It is essential to accelerate improving energy resource allocation approaches, shifting from taking administrative ones to taking economic means as the primary approach, and securing resources through market competition. Consumers can fully enjoy their rights and users are entitled to choose energy products independently, so that consumers can use energy independently, efficiently, cleanly and at low cost according to their needs, thus creating a better production and living environment.

The pursuit of green and low-carbon development has become the main theme in global energy evolution, where the transition towards green development requires robust institutional and systemic support. Countries around the world are actively promoting an economic "green recovery", and accelerating energy transition and carbon emission reduction has become a consensus worldwide, with over 130 countries and regions setting targets for carbon neutrality, marking a new journey in the global response to climate change. Moreover, the intertwining of old and new risks in energy security persists. China's shortcomings in oil and gas resources are still prominent, risk factors such as geopolitical events and significant fluctuations in international oil prices will exist for a long time, and regional and temporal shortage in energy supply during the green transition process takes place from time to time. These challenges prompt us to deepen the energy system reform and improve the pricing mechanism to ensure that the transition towards green and low-carbon energy is actively and prudently advanced.

Deepening the reform of energy systems creates a better institutional environment to support innovative development in the energy sector. The role of innovation in leading energy development is becoming increasingly prominent, as the global technology innovation enters an unprecedented period of intensity and activity, reshaping the new landscape of global energy innovation. Emerging energy technologies such as new energy sources, unconventional oil and gas, advanced nuclear power, smart energy, new types of energy storage and hydrogen energy are accelerating at an unprecedented pace to become an alternative or replacement, becoming the core driving force behind the global energy transition and transformation. By deepening the reform of energy systems and mechanisms, we aim to tackle key technological challenges in building a new type of energy system, to support the cultivation of new quality productive forces in energy, to accelerate the formation of productive relationships more suited to these forces, and to essentially achieve the modernization of the energy governance system and capabilities, thereby promoting high-quality energy development.

In advancing the energy system revolution, it is imperative to focus more on the effectiveness of reforms and ensure their implementation with a tenacious spirit. Firstly, it is necessary to further improve the market system and optimize the energy market structure. This involves comprehensively pushing forward reforms across the entire spectrum from oil and gas industry chains, electricity industry chains, primary energy sources to processing and conversion, and finally to end consumption to gradually achieve a reasonable and effective separation of the businesses of production, transmission, distribution and sales. It is essential to establish a competitive market pattern with diverse entities and to set up an energy market trading system with fair access, diverse entities and effective competition. Secondly, it is necessary to perfect the pricing mechanism that is primarily determined by market supply and demand, and strictly limit government pricing to necessary areas such as natural monopolies and crucial public utilities. Price reforms in the oil, natural gas and electricity sectors will be advanced. Taking into account factors like production costs and societal affordability, China is optimizing residential tiered electricity and gas pricing system, refining the pricing mechanism for refined oil products, improving price relationships, enhancing price flexibility to promote the conservation and efficient use of energy resources. Thirdly, it is necessary to deepen the reform of the energy management system. This entails establishing a modern energy management system and develop an efficient, transparent, fair and just energy management and regulatory system with a clear boundary set between market and government, responsibilities clearly defined, and with effective regulation. Fourthly, it is necessary to construct a comprehensive system of laws, regulations, and standards in the energy sector and to develop a scientific and effective legislative, judicial, enforcement, and law-based administration system to give full play to the role of rule of law in the governance and management of the energy sector, and to provide robust support for the comprehensive green transition and high-quality development of the economy and society.

This report systematically reviews and summarizes the practice and progress of China's energy system revolution over the past decade. In line with the vision outlined at the Third Plenary Session of the 20th CPC Central Committee, the requirements of the CPC Central Committee and the State Council to accelerate the construction of a new type of energy system, and the instruction of promoting a new round of reform in the electricity, oil and gas system, the report also focuses on the new stage of development and looks forward to the measures China will take to further deepen the reform of its energy system and to better transform its institutional advantages into the state governance efficiency in the energy sector, so as to better serve China's high-quality development and achieve its carbon peak and carbon neutrality goals.

Contents

Ⅰ. Achievements in China's Energy System Revolution

The energy system revolution is in full alignment with the guidelines of the Third Plenary Session of the 18th Central Committee of the Communist Party of China. In 2013, the Third Plenary Session of the 18th Central Committee adopted the *Decision of the Central Committee of the Communist Party of China on Some Major Issues Concerning Comprehensively Deepening the Reform* (hereinafter referred to as the "*Decision* of the Third Plenary Session of the 18th Central Committee"), making a major strategic plan for China to comprehensively deepen reforms focusing on the economic system reform, and putting forward specific requirements for constructing a unified, open, competitive and orderly market system, advancing price reforms and further streamlining administration and delegating power. In response to the related requirements of the *Decision* of the Third Plenary Session of the 18th Central Committee, the energy system revolution puts forward such goals as "unswervingly pushing forward the reform, restoring the commodity attributes of energy, constructing a market structure and market system with effective competition, forming a mechanism where energy prices are primarily determined by the market, transforming the governmental regulation of energy, and establishing and improving the system of the rule of law in the energy sector", which is a comprehensive implementation of the guidelines of the *Decision* of the Third Plenary Session of the 18th Central Committee.

i. China Comprehensively Deepening Energy System Reform and Phased Effects of System Revolution Having Gradually Emerged

Over the decade since the introduction of the new energy security strategy, the energy system revolution has been steadily advanced along the established direction. Aimed at "promoting the modernization of the energy governance system", the *Strategy for Energy Production and Consumption Revolution* (*2016-2030*) released in 2016 put forward initiatives in the four areas of building an energy market system with effective competition, establishing a price mechanism that is primarily determined by the market, innovating the scientific management model of energy, and establishing and improving the law-based energy system. In 2017, the national energy authorities formulated the *Action Plan for Energy System Revolution*, setting forth the overall goal for 2030 of "building a modern energy market system, advancing modernization of the national energy governance system and governance capabilities, stimulating vitality and creativity in the energy sector, enhancing energy productivity, and enabling the fruits of energy development and reform benefit all people", as well as strategic thinking, strategic tasks and priority actions. On the whole, the trading rules and institutions for coal, oil, natural gas and electricity markets have been basically established or continuously improved. The monitoring and review of transmission and distribution prices for power grids and oil and gas pipeline networks and other monopoly segments, and the oversight system have been gradually established. The market-oriented pricing in competitive segments has been actively promoted. With the continuous deepening of "streamlining administration and delegating power, improving regulation, and upgrading services", the energy regulatory system continues to improve. The accumulation of practices in energy legislation has become increasingly rich and revision of existing laws is progressing steadily. The energy system revolution has achieved phased results, providing strong support for the implementation of the new energy security strategy and the rapid development of the energy industry.

The market system of "coal, oil, natural gas and electricity" has been established, and the market pattern of relying on the market mechanism to allocate energy resources has initially taken shape. Firstly, in terms of the reform in the coal sector, coal has always been a highly market-oriented energy resource. As early as 2012, the General Office of the State Council issued the *Guiding Opinions on Deepening the Market-oriented Reform of Electric Coal*, marking a new stage of coal marketization. Subsequently, in 2013, coking coal and thermal coal futures contracts were successfully listed and traded on the Dalian Commodity Exchange and Zhengzhou Commodity Exchange respectively. In 2014, the *Guiding Opinions on Further Promoting the Construction of the Coal Trading Market System* further advanced the market-oriented coal reform, realizing the parallel development of the national, regional and local coal trading markets, and the spot and futures markets were gradually constructed and improved. In 2020, the National Coal Trading Center was officially put into operation, providing a new trading venue for the signing and performance of mid-to-long term coal contracts, and the listing and bidding of coal spot, promoting the standardization of coal trading. Since 2021, under the double pressure of the constraints of the "dual carbon" goals and the increasing pressure on energy security guarantee, the construction of the coal market system has continued to deepen. According to the arrangement of medium-and long-term contract system, 80% of coal used for power generation were purchased under long-term agreements in 2023, which effectively stabilized the supply and demand relationship between coal and power generation. Secondly, in terms of reform in the oil and gas sector, the construction of market systems in the upstream, midstream and downstream segments of the oil and gas industry has been progressively advanced. The upstream oil and gas exploration and development is mainly dominated by the "three barrels of oil", i. e. the three oil majors of CNPC, Sinopec and CNOOC, while competition in the downstream refined oil and natural gas markets has been continuously increased, and the relationship between the intermediate pipeline network segment and the upstream and downstream segments has been gradually rationalized. Over the past decade, it has been basically established an "X + 1 + X" oil and gas market system, featuring the supply of upstream oil and gas resources by multiple entities and through multiple channels, unified collection and transmission via intermediate oil and gas pipeline network, and orderly competition in the downstream sales market. In the upstream segment, significant progress has been made in competitively transferring oil and gas mining rights, and a market pattern dominated by large state-owned oil companies with participation of private and foreign enterprises has been gradually formed. In the midstream segment, the establishment of the National Oil and Natural Gas Pipeline Network Company in 2019 marked a breakthrough in the reform of the oil and gas pipeline operation mechanism. In the downstream segment, there are more than 100,000 gas stations nationwide, over a thousand urban gas companies, and dozens of oil and gas trading centers. Thirdly, in terms of reform in the electric power sector, China has made substantial progress in constructing the power market since the release of the *Several Opinions on Further Deepening the Reform of the Electricity System of the Central Committee of the Communist Party of China and the State Council* (hereinafter referred to as "Document No. 9 issued by the CCCPC") in 2015. The restrictions on generation and utilization of electricity have been lifted in an orderly manner; medium-and long-term trading has been fully promoted; coal power users and industrial and commercial power users have all participated in market trading; the scale of new energy participation in market trading is gradually increasing as well. In 2023, the proportion of market-based electricity transactions to the total electricity consumption of the whole society reached 61.4%, an increase of 0.6 percentage points year-on-year. The construction of the electricity spot market has been accelerated and the auxiliary service market has been gradually established. As of June 2024, there were 18 regions (including the Southern region) nationwide where electricity spot markets are in operation, with the spot markets in Shanxi, Shandong, Guangdong, West Inner Mongolia, Gansu and Hubei officially operating or undergoing continuous settlement trial operations. The green certificate and green electricity trading mechanism continues to be optimized and adjusted, and the scale of transactions is increasing. Independent and standardized operation of trading institutions has been advanced in an orderly manner, and currently there have established two regional trading institutions in Beijing and Guangzhou and 33 provincial (regional, municipal) trading institutions. All trading institutions have implemented joint-stock reforms and the governance structure has continued to improve.

The price mechanism reform, following the principle of "allowing for more competition in electricity generation, sales and consumption while tightening government regulation of power grid, transmission and distribution", is progressing in an orderly manner, with prices in competitive sectors being gradually deregulated. The *Decision* of the Third Plenary Session of the 18th Central Committee and the requirements for the energy system revolution have both clarified the direction of reform that energy prices are mainly determined by the market. Over the past decade, following the overall guideline of "allowing for more competition in electricity generation, sales and consumption while tightening government regulation of power grid, transmission and distribution", phased progress has been made in price reform in key areas and critical links. First, efforts have been actively made to advance and perfect the market pricing mechanism in competitive fields and segments. Facing the pressure of ensuring energy security, China has optimized and adjusted in succession the pricing mechanism for the coal market. Currently, a coal-electricity price linkage mechanism where electricity prices may fluctuate above or below the benchmark has been established to guide coal prices to operate within a reasonable range and promote a sound price relation between coal and electricity. The oil and gas price reform has been steadily advanced. The refined oil pricing mechanism has been continuously improved, with optimizations and adjustments made to adjustment cycle, benchmark varieties and limits on adjustment ranges. Natural gas price reform has been promoted in an orderly manner through approaches such as "resolving the simple issues before the difficult ones, starting with non-residential sector before residential one, running pilot programs before promotion, starting with incremental capacity before inventory capacity, improving while liberalizing, and combining regulation with liberalization". A number of breakthroughs have been made and the sales prices of over 300 billion cubic meters of natural gas are determined by the market. Positive advancements have also been made in electricity price reform as the construction of the electricity market is gradually progressing. Prices for the generation and sale of electricity, except for those related to public welfare, are formed by the market, and electricity users or sellers can determine transaction prices together with power generation enterprises through market-based methods. On-grid tariff for market-based transactions has gradually shifted from the benchmark on-grid tariff set by each province to market-oriented one, with price fluctuations of up or down no more than 20 percent based on the provincial benchmark price. On-grid tariffs for newly constructed renewable energy projects are determined through competitive bidding. The price of electricity sold to industrial and commercial users has gradually changed from government-approved catalogue tariff to a composition of "on-grid tariff plus transmission and distribution tariff (including system operation fees) plus government funds and surcharges". Secondly, pricing in natural monopoly segments has become more scientific. In accordance with the principle of "recovery of costs plus reasonable profits", a system for regulating transmission and distribution prices in natural monopoly segments such as electricity and natural gas has been gradually established. In the power sector, a transmission and distribution pricing regulatory system based on "recovery of costs plus reasonable profits" has been established and cost monitoring rules have been made and optimized. With refined rules and capacity building, after three regulatory periods of transmission and distribution price verification, an electricity transmission and distribution pricing system covering special transmission projects, regional power grids and provincial power grids has been constructed, and transmission and distribution tariffs for different voltage levels have been determined to better reflect the cost of power supply. Besides, the specific composition of transmission and distribution tariffs has been clarified. In the natural gas sector, the measures for the management of natural gas pipeline transportation price has clarified the principles and approaches for price verification, while the pricing cost supervision and examination measures have specified the composition of pricing cost, collection and cost verification method. In 2023, based on the supervision and examination of the pricing costs of inter-provincial natural gas pipelines, the price of natural gas pipeline transportation was separately approved for four pricing zones: the central-eastern, the northwest, the southwest and the northeast.

With the continuous deepening of "streamlining administration and delegating power, improving regulation, and upgrading services", an energy management system covering strategy, plan, policy, oversight and service has primarily formed. Firstly, the energy regulatory authorities have actively delegated administrative approval items. In 2015, the National Energy Administration issued the *Implementation Opinions of the National Energy Administration on Promoting Streamlining Administration, Delegating Power, Improving Regulation, and Upgrading Services*, actively advancing work in this area. It states clearly to significantly streamline administration and delegate power to boost market vitality, to strengthen interim and ex post supervision to keep the market "active and orderly", and to upgrade government services by integrating administration into service. As of 2023, over 70% of administrative approval items have been eliminated or delegated by the National Energy Administration and other energy regulatory authorities. Concurrently, efforts have been made to standardize the handling items concerning administrative license, to compile service guides for approval items and detailed review procedures, and to implement an accepting system of providing all energy-related government services at one simple window in localities where all relevant authorities have outlets, as well as a handling duration commitment system. Since the reform of "streamlining administration and delegating power, improving regulations, and upgrading services", all types of administrative approval items have been handled "timely without delay". Items of preliminary review in project examination and approval, preliminary approval in commercial registration, and various training and intermediary services among others are all cleared up, which has effectively reduced the burden of applicants. Additionally, the National Energy Administration and other energy regulatory authorities have introduced work rules for pilot demonstration projects to standardize such projects and prevent "additional approval for items outside the list of administrative licence" and "reversion of power". Secondly, a comprehensive energy management system covering strategy, plan, and supervision has gradually taken shape. Since 2017, with the release of documents such as the *Circular on Further Standardizing the Approval and Registration Management of Mineral Resource Exploration* by the natural resources authorities and the *Guiding Opinions of National Energy Administration on Strengthening Follow-up Supervision of Projects for Which the Government Review and Approval Have Been Rescinded and Delegated* (*2020 Edition*) by the National Energy Administration, the reform of "streamlining administration and delegating power, improving regulation, and upgrading services" in the energy sector has continued to deepen. This includes adhering to improving regulation while putting equal emphasis on delegating and regulating, implementing regulatory responsibilities, improving regulatory rules, innovating regulatory methods, and accelerating the construction of an interim and ex post supervision system that is clear in terms of rights and responsibilities, fair and just, open and transparent, simple and efficient. Meanwhile, there has been active exploration of a new mechanism for energy management that integrates planning, policy, rules and regulation to effectively enhance regulatory efficiency. According to the report *Key Points of Energy Regulatory Work* that has been published annually since 2021, continuous improvements have been achieved in energy regulation, which is shifting from "effectively strengthening oversight of the energy market and the industry to maintain a fair and just market order" to "innovatively carrying out process regulation, digital regulation, penetrative regulation, and cross-departmental collaborative regulation". Regulatory effectiveness continues to emerge. The model of a "a unified list for the whole country" for market entry regulation has been consolidated; energy credit regulation has achieved phased progress, with credit evaluation norms in electricity, coal and other fields being successively implemented; safety regulation has been continuously strengthened, and the systems for electricity safety regulation, oil and gas pipeline safety regulation, and coal mine safety regulation have continued to improve. Meanwhile, the energy sector has continued to enhance the quality and efficiency of government services, focusing on creating a market-oriented, law-based and internationalized first-class business environment. The universal energy service level is constantly improving. In 2015, China resolved issues related to electricity access for populations without it; in 2020, it achieved nationwide power access to every village; in 2023, it realized full coverage of services of "on-line declaration, simplified procedure and free of charge" for resident users and small and micro low-voltage enterprises in applying for electricity use, as well as full coverage of services featuring "effort-saving internet plus online declaration, time-saving one-stop approval and cost-saving local grid access" for high-voltage users, continuously improving the "access to electricity" services. Works relating to energy strategy, planning and standards have been continuously improved and strengthened. After the "dual carbon" goals were put forward in 2020, strategic planning for energy has been actively synergized with the "1 + N" policy framework for peaking carbon emissions and achieving carbon neutrality to promote the high-quality energy development.

The construction of the legal, regulatory and standard system is steadily progressing, and the system of rule of law in energy sector is continuously being improved. Since the 18th National Congress, General Secretary Xi Jinping has been emphasizing the importance of making comprehensive moves to advance the rule of law, introducing new concepts, thoughts and strategies. He specifically highlighted the significant role of rule of law in consolidating foundations, ensuring stable expectations and delivering long-term benefits. The energy sector has thoroughly implemented General Secretary Xi Jinping's requirements for the rule of law, effectively enhanced the ability of the energy industry to apply legal thinking and methods, and integrated the rule of law into the entire process of formulating, implementing and supervising energy strategies, plans, policies and standards to provide legal guarantee for advancing new strategies for energy security. Firstly, there have been new progress in energy legislation. The *13th Five-Year Plan for Energy Legislation* was compiled and released, focusing on promoting comprehensive, safety-related legislative projects, as well as projects that are urgently needed for industry development and reform. Revisions to relevant provisions of the *Electric Power Law*, *Regulations on Supply and Use of Electric Power*, and *Regulations on the Protection of Electric Power Facilities* have been completed, and the Power Supply Business License and the Electric Power Business License have been integrated into one license. Besides, efforts have been made to review and promote the legislation of laws and regulations such as the *Regulations on National Petroleum Reserve*, and to revise the *Regulations on the Exploitation of On-shore Petroleum Resources in Cooperation with Foreign Enterprises* and the *Regulations on the Exploitation of Off-shore Petroleum Resources in Cooperation with Foreign Enterprises*. The revision of the *Coal Law* was listed in the National Development and Reform Commission's legislative plan for 2020. In January 2024, after being discussed and approved by the State Council executive meeting, the *Energy Law* (*Exposure Draft*) was submitted to the Standing Committee of the National People's Congress for deliberation. The revision of the *Renewable Energy Law* has been listed in the legislative plan of the 14th Standing Committee of the National People's Congress. Secondly, the ability to govern in accordance with the law has been further enhanced. The energy authorities have perfected the decision-making mechanism for major energy-related matters, standardized the decision-making procedures for project approval, use of funds, administrative penalties and other matters. Departmental management power and responsibility list has been compiled, stipulating that no action can be taken without legal authorization and statutory duties must be fulfilled. The list clearly defines the powers and responsibilities, improves administrative enforcement procedures, and standardizes the discretionary power to impose penalties. Energy enterprises and relevant industry associations have strictly implemented the various requirements for the rule of law construction, integrating rule of law into enterprise management, workplace safety and industry self-discipline. Thirdly, channels for administrative reconsideration and administrative litigation have been cleared. The energy authorities have issued regulations on administrative reconsideration and administrative litigation work, set up an administrative reconsideration committee, and established a legal counsel system and a public lawyer system. The *Key Points of Energy Supervisions 2021* proposed to "improve administrative enforcement procedures and administrative penalty mechanism, and deal with a variety of violations of the law and regulations according to law", and to "further improve the quality of handling complaints and reports through the 12398 energy supervision hotline, and promptly resolve reasonable demands of small and micro enterprises, private enterprises and the public". Fourthly, the standard system has been improved. The *Measures for Energy Standardization Management* and its implementation rules have standardized and promoted the formulation of energy industry standards. The energy authorities have published annual guidelines for the initiation of energy industry standard projects in response to the management and industrial development needs of the energy sector. In recent years, the formulation and application of energy standards have been accelerated, especially in key areas such as new energy, new energy storage, energy conservation and peaking carbon dioxide emissions, with relevant standards being constantly enriched and improved. As of 2023, China has issued and implemented over 300 national energy conservation standards, including more than 100 national mandatory energy consumption limit standards, dozens of national mandatory energy efficiency standards, and about 200 national recommended energy conservation standards, essentially realizing a comprehensive coverage in both production and daily life.

ii. Coal Governance System Construction Continuously Advancing and New Achievements Made in Market-oriented Coal Reform

Over the past decade, reform in the coal system and mechanism has been continuously advanced. A modern coal market system has been fundamentally established, significantly improving the supply-demand relationship in the market; the medium- and long-term coal contract system and market price formation mechanism have been constantly refined, achieving positive results in stabilizing price and securing supply. Relevant documents such as the *Measures for the Management of Coal Mine Production Capacities* and *Guiding Opinions on Further Promoting the Construction of the Coal Trading Market System* have been successively issued, significantly enhancing the effectiveness of government management. Led by the *Coal Law of the People's Republic of China*, the legal and regulatory system in the coal sector have been gradually improved and the standards system of intelligent coal mine construction has been constantly improved. The foundation for coal to guarantee national energy security, and the industrial chain and supply chain security has become increasingly solid, effectively supporting the role of coal as a bottom line guarantee in the new energy system.

The construction of market structure and system has achieved remarkable results. Firstly, evident progress has been made in the reform of modern enterprise system of coal market entities. In the past decade, guided by policies such as the "1 + N" policy framework of state-owned enterprise reform and the three-year action plan for state-owned enterprise reform, coal enterprises have accelerated the perfection of the modern enterprise system with Chinese characteristics. They have actively explored and practiced the mixed-ownership system reform, taking property rights reform that is mainly in the form of developing mixed ownership as the primary focus and breakthrough. Market-oriented, they have promoted integration and reorganization, and systematically advanced the "mechanism transformation and structure adjustment" of coal enterprises to enhance the allocation efficiency of state-owned capital. In particular, since 2021, China has been actively promoting the state-owned coal enterprises' really operating in accordance with market-oriented mechanism, implementing differentiated management and control that differ from the wholly state-owned enterprises and state-owned wholly funded enterprises, and have taken the lead in deepening the reform of the three systems of labour, personnel and distribution to foster a more mature and established modern enterprise system with Chinese characteristics. Under the impetus of market-oriented reform, the pace of strategic restructuring of coal enterprises has been significantly sped up, and the integrated operation and industrial concentration of coal enterprises have been increased significantly. Shenhua Group and Guodian Corporation have been merged and reorganized into China Energy Investment Group; Shandong Energy Group and Chongzhou Mine Group have been jointly reorganized to set up the new Shandong Energy Group; China Coal Energy has merged and reorganized the coal mining sectors of enterprises such as State Development and Investment Corporation, Poly Group, and China Railway Group. In 2023, the top ten coal enterprises produced a total of 2.4 billion tons of raw coal, an increase of 84.12 million tons year-on-year, accounting for 51.5% of the output of enterprises above designated size, significantly enhancing emergency supply capability. Secondly, the coal market trading system has been continuously improved. Over the past decade, efforts have been made to continuously advance the construction of the coal market trading system and to perfect the series of policies and measures relating to coal trading centers, participating entities etc., significantly enhancing the decisive role of the market in the allocation of resources. The national coal market trading system has achieved rapid development from weak to strong and from small to large. There has initially formed a coal market trading system with the National Coal Trading Center as the main body, supplemented by a number of regional coal trading centers in Taiyuan, Inner Mongolia, Shaanxi, Xinjiang, etc. and large-scale trading platforms of coal enterprises like the e-commerce platform of the National Energy Group "e-ceic". Futures contracts of thermal coal, coking coal and coke have been successfully listed on the Dalian Commodity Exchange and Zhengzhou Commodity Exchange. Coal market construction standards and trading rules have been continuously improved, and a favourable environment and long-term mechanism for the healthy development of the coal trading market have been initially established. Among these, the coal trading mode has been constantly innovated and developed, transitioning from producing according to plans and distributing and shipping according to government directives in the planned economy era to the mode combining government directives with market operation, and then further developing into the current market-based trading mode where coal production enterprises, transportation enterprises and demand enterprises independently order, coordinate and negotiate prices. Meanwhile, the trading mode has been accelerated to a digital transformation. Through the use of modern information technology and other means, the coal trading mode has been continuously innovated with trading platforms having been established and trading functions enhanced, which has promoted the digital development of trading mode, reduced the costs of transactions, improved circulation efficiency and gradually met the trading needs of various market entities for coal commodities. Thirdly, the construction of the industry credit system is generally good. Over the past decade, the construction of the integrity system in the coal industry has been steadily advanced, marking a new stage of comprehensive credit system construction. The National Development and Reform Commission has incorporated the credit system of coal enterprises into the industry credit construction and credit supervision systems in key areas, and has introduced third-party credit agencies to participate in the industry credit construction. The Ministry of Emergency Management issued the *Measures for the Management of List of Entities with Serious Acts of Bad Faith in Workplace Safety*, aiming to strengthen management of the list of entities with serious dishonest behaviors in workplace safety in the coal mining industry, as well as management of the list of institutions and their personnel with serious dishonest behaviors who are responsible for safety evaluation, certification, testing and inspection. The National Mine Safety Administration has incorporated the supervision results of unsafe workplace behaviors in coal mines into the integrity record of enterprises. China Coal Industry Association has successively issued guidelines such as the *Self-Discipline Convention of the Coal Industry* and

Credit Evaluation Indicators of the *Coal Industry*, compiled and printed the *Guide for National Coal Industry Credit Rating Evaluation Work*, issued *Guiding Opinions on Deeply Promoting the Construction of Credit System of the Coal Industry*, and revised and perfected the coal enterprise credit evaluation standards for three times in succession. According to the *Analysis Report on Credit Status of the Coal Industry (2023)*, the credit quality of the coal industry is generally good. The organizational structure of the coal industry credit system has been basically established; the standard system is increasingly perfected; the credit application scenarios are gradually expanding; the credit environment is continuously improving.

The coal price formation mechanism has been gradually established. First, the dual-track price system for electricity and coal has been eliminated. In response to the actual operation of the coal market, numerous price policy explorations have been conducted. The *Guiding Opinions of the General Office of the State Council on Deepening the Market-oriented Reform of Electricity Coal* issued in 2012 clearly stipulated that, starting from 2013, key contracts and the dual-track price system for electricity coal would be eliminated, and that the National Development and Reform Commission would no longer issue annual intention framework for inter-provincial coal railway transport capacity allocation. In addition, coal and power enterprises can independently negotiate and sign contracts and determine prices, which has accelerated the marketization process of the coal industry. The coal trading market has developed rapidly and the resource allocation function of the market has been better realized. Second, a coal pricing mechanism featuring a "medium and long-term contract system" and "base price plus floating price" has been established. The *Guiding Opinions on Further Promoting the Building of Coal Trading Market System* issued by the National Development and Reform Commission in 2014 clarified the tasks of building a national coal trading data platform and compiling and publishing national coal trading market price indexes to provide services for enterprises and the society. In 2016, the National Development and Reform Commission and the

State-owned Assets Supervision and Administration Commission issued the *Opinions on Strengthening Market Supervision and Public Service to Guarantee the Performance of Medium and Long-Term Coal Contracts*, which clarified the definition of medium and long-term contracts, and proposed to improve the price formation mechanism. According to it, the enterprises on both the supply and demand side can, on the basis of a reasonably determined base price, introduce a standardized, science-based and mutually recognized price index as a reference to standardize the determination of the actual settlement price. Besides, the base price and the mechanism for linking it with market changes can be adjusted timely according to reasonable contract cycles. In 2017, the National Development and Reform Commission issued the *Circular on Promoting the Signing and Performing of Medium and Long-Term Coal Contracts of 2018*, proposing that for coal delivered by water and transported directly by railway, the supply and demand parties should negotiate and determine the contract price with reference to the mechanism of "benchmark price plus floating price". Subsequently, the *Circular on Promoting the Signing and Performing of Medium and Long-term Coal Contracts* issued by the National Development and Reform Commission respectively in 2019, 2020, and 2021 all made it clear that both coal and power sides should continue to negotiate the price of medium-and long-term contracts with reference to the pricing mechanism of "benchmark price plus floating price". The "medium-and long-term contract system" and the "benchmark price plus floating price" pricing mechanism of coal have played a fundamental role in stabilizing the coal market, basically achieving mutual benefit and win-win for both coal supply side and demand side. Third, the coal market price formation mechanism has been improved. In 2022, the National Development and Reform Commission issued the *Circular on Further Improving the Price Formation Mechanism in the Coal Market*, making it clear that coal prices should be formed by the market. The National Development and Reform Commission, together with relevant parties, have taken comprehensive measures such as supply-demand coordination, reserve throughput, import and export regulation, and transportation coordination to guide coal price to operate within a reasonable range. When coal prices rise significantly or are likely so, price intervention measures will be initiated timely in accordance with procedures under provisions such as Article 30 of the *Price Law* to guide coal prices fall back to a reasonable range; when coal prices fall excessively, appropriate measures will be taken to guide the prices rise to a reasonable level.

The government's management style has been continuously optimized. Firstly, the guiding role of strategic planning has been strengthened. In the past decade, adhering to combing long-term strategic planning with the development priorities at different stages and aiming at adapting to the ever-changing new situations, the relevant government departments have continued to optimize the management of the coal industry and have adjusted the main direction of the industry's development, which has effectively guaranteed the healthy development of the coal industry. The *13th Five-Year Plan for Coal Industry Development* proposes to accelerate the promotion of supply-side structural reform in the coal sector, focusing on optimizing structure, enhancing dynamics, resolving the conflicts, making up for deficiencies to achieve breakthroughs, improving the quality and efficiency of development, and removing systemic and institutional barriers, so as to continuously explore new realms for the development of the coal industry. The *14th Five-Year Plan for the Clean Development and Utilization of Coal* calls for accelerating the construction of coal supply and guarantee bases in Shanxi, Western Inner Mongolia, Eastern Inner Mongolia, Northern Shaanxi and Xinjiang in the green transition, continuously optimizing the layout of coal production and development, and enhancing the quality and efficiency of the supply system. These two "Five-Year Plan" have served as the overall blueprint and action plan for guiding the scientific development of the coal industry, continuously leading the high-quality development of the coal sector. At the same time, plans such as the *13th Five-Year Plan for Energy Technology Innovation*, the *14th Five-Year Plan for Scientific and Technology Innovation in the Energy Sector*, and the *14th Five-Year Plan for Modern Energy System* also make deployments regarding coal technology innovation and reform. Secondly, government management is implemented with a focus on phased priorities. In the past decade, facing problems in the development of the coal industry and the situations and changes in different periods, China has timely and flexibly adjusted the development priorities and implemented new measures to ensure the smooth operation of the coal industry as a whole. In 2013, faced with a significant decline in coal demand, overcapacity and a severe imbalance in supply and demand, the State Council issued the *Opinions of the General Office of the State Council on Promoting Smooth Operation of the Coal Industry*. Targeting at the aspects such as controlling total coal production, reducing tax and fee burdens on coal enterprises, and strengthening the management of the links of coal import and export, it put forward a series of measures to help the coal industry out of difficulties and to promote its development. In 2016, the Central Committee of the Communist Party and the State Council listed the coal industry as one of the key industries for supply-side structural reform and issued the *Opinions on Resolving Excess Capacity in the Coal Industry to Achieve Development Out of Difficulties*, which explicitly required that from 2016 onwards, within three to five years, about 500 million tons of capacity be cut and another 500 million tons reduced or reorganized, and the number of coal mines be moderately reduced. After that, in response to the continuous growth of market demand, while eliminating backward production capacities, the coal sector optimized approval procedures and accelerated the review of and approval for high-quality coal production capacities, as well as for increasing high-quality coal production capacities, which has effectively enhanced the quality of the coal supply system and has ensured overall stability of coal prices. To promote the integration of intelligent technology with the coal industry and to enhance the level of intelligence in coal mines, in March 2020, eight ministries and commissions including the National Development and Reform Commission jointly issued the *Guiding Opinions on Accelerating the Development of Intelligent Coal Mines*, putting forward the goals and specific measures of " basically achieving intelligentization in large and disaster-prone coal mines by 2025, and in all types of coal mines by 2035". In face of the requirements of controlling total energy consumption, promoting green energy transformation and planning and building a new type of energy system, the annual energy work guidance issued over the years has clarified the direction and key areas of coal development to ensure policy continuity. Thirdly, the management system and mechanism of the coal industry have been gradually optimized. In recent years, the government management system and mechanism have been continuously improved, and each department has performed its own functions, which has played an important role in promoting the high-quality development of the coal industry. In 2018, the Ministry of Emergency Management was established to strengthen the supervision of workplace safety in the coal industry and to coordinate the construction of professional emergency rescue forces for coal mine safety accidents. In 2020, the National Coal Mine Safety Supervision Bureau was renamed the National Mine Safety Supervision Bureau, responsible for formulating policies, plans and standards for mine production (including geological exploration) safety, drafting relevant laws and departmental regulations, supervising their implementation, as well as for supervising and examining national mine safety and coordinating the construction of mine production safety supervision and law enforcement guarantee system. The relevant departments have worked in coordination with the National Development and Reform Commission and the National Energy Administration to jointly promote steady, coordinated and sustainable development of the coal industry. Fourthly, coal market supervision has been strengthened. In the past decade, solid efforts have been made to supervise the performance of medium- and long-term coal contracts, and circulars on the supervision of theses contracts were issued annually to promote relevant entities to continuously improve their contract performance levels. In 2016, the National Development and Reform Commission issued the *Opinions on Strengthening Market Supervision and Public Service to Ensure Performance of Medium and Long-Term Coal Contracts*, requiring enterprises to strictly fulfill their responsibilities and to improve contract fulfillment rate. The *Circular on Strengthening Supervision on Honesty in Performance of Medium- and Long-Term Electricity Coal Contracts* proposed that all contracts must be signed and strictly performed in accordance with the reasonable range of medium- and long-term transaction prices or the price mechanism of "benchmark price plus floating price" specified by the State and local governments. Enterprises that fail to strictly fulfill the medium- and long-term electricity coal contract pricing policy will be immediately reminded and interviewed, and urged to rectify, and those refusing to rectify will be transferred as the suspected price gouging clues to market supervision departments for legal investigation and penalty according to regulations. The *Circular on Doing a Good Job in Signing and Performing Medium- and Long-Term Power Contracts in 2023* required that the signing and performing of medium- and long-term power contracts be conducted in a standardized and orderly manner, and performance and supervision of the contracts be strengthened. The relevant departments have continuously strengthened credit supervision of medium- and long-term coal contract performance, and have urged the market entities of the contracts to strictly fulfill contractual obligations, giving full play to the role of medium- and long-term coal contracts in stabilizing the market.

The system of laws, regulations and standards has been further refined. Firstly, the *Coal Law of the People's Republic of China* has been revised and adjusted for a number of times. Over the past decade, the pace of legal construction in the coal sector has gradually accelerated, and the system of laws and regulations has been constantly improved. In 2013, the *Coal Law* was revised, eliminating coal production license and coal business license; in 2016, the *Coal Law was* further revised to remove the restrictions and approval requirements for the start-up of coal mining enterprises, and corresponding adjustments were made to production license, management operation system and mine management system. The two revisions streamlined administrative approval processes for coal mining. In 2020, the National Development and Reform Commission issued the exposure draft of the *Coal Law of the People's Republic of*

China (*Revised Draft*), which added new provisions on coal market construction and pricing mechanism, and added and revised related regulations on development planning, workplace safety, clean and efficient utilization, market system construction, ecological restoration and legal liabilities to continuously refine the legal system of the coal industry and to strengthen the applicability and effectiveness of laws, which has provided legal support for the high-quality development of the coal industry. Secondly, supporting laws and regulations have been progressively improved. Over the past decade, adhering to market orientation, government regulation and law-based management, China has developed a system of coal laws and regulations compatible with the socialist market economy with Chinese characteristics. Revision of coal-related content in laws such as the *Mineral Resources Law*, *Workplace Safety Law*, *Environmental Protection Law*, *Air Pollution Prevention and Control Law*, *Mine Safety Law*, and *Occupational Disease Prevention Law* have been revised, and the important legal basis for coal production, operation and supervision have been constantly perfected. The promulgation, implementation and revision of administrative regulations related to coal, such as the *Pneumoconiosis Prevention Regulations*, *Work Injury Insurance Regulations*, and *Land Restoration Regulations*, have been promoted. The *Law on Prevention and Control* of *Solid Waste Pollution of the Environment* revised in 2020 stipulates that mining enterprises should adopt scientific mining methods and ore dressing processes to reduce the amount of tailings, coal gangue, waste rocks and other solid mining waste generated and stored, and encourages the adoption of advanced technologies for comprehensive utilization. The *Criminal Law Amendment* (*XI*), which officially came into effect in 2021, has added "crime of hazardous operation" and some of the incrimination circumstances, explicitly including non-accidental workplace safety offence in the crime of hazardous operation, and has enhanced prosecution for criminal offence in the field of workplace safety, reflecting the safety philosophy of "putting people and their lives first". In 2023, the *Coal Management Regulations of Inner Mongolia Autonomous Region* was officially implemented, providing a basis and guarantee for the rational development, utilization and protection of coal resources, as well as for the standardization of coal production, operation, clean and efficient utilization of coal, and related activities in the autonomous region. Thirdly, the policy and standard system has been gradually refined. Over the past decade, aiming at a series of new issues emerging in coal development layout, coal mine construction, production safety, green storage and transportation, and clean utilization, a series of policies and standards have been published successively. The experiences and lessons from coal mine safety have been constantly summarized. The *Coal Mine Safety Regulations* has been revised for a number of times, and dozens of departmental policies and normative documents related to coal mine safety have been formulated and issued, basically forming a comprehensive coal mine safety policy system. Besides, policies and normative documents concerning coal management, resource integration, clean utilization and compensation for accident casualties have been formulated. The *Interim Measures for Quality Management of Commercial Coal*, officially implemented in 2015, clarified requirements for the production, processing, storage, transportation and sales of commercial coal within the territory of China, and strengthened full-process quality management of commercial coal, which has improved the quality of end-use coal and promoted efficient and clean use of coal. The *Working Plan for Promoting Development of Multimodal Transport to Optimize and Adjust the Transportation Structure (2021-2025)* issued by the General Office of the State Council proposed to promote green and low-carbon transportation transition in regions like Beijing-Tianjin-Hebei and its surrounding areas, as well as in major coal-producing areas in Shanxi, Shaanxi and Inner Mongolia. The National Development and Reform Commission and other departments have issued documents like the *Action Plan for Upgrading and Retrofitting Coal-Fired Power Generation Units for Energy Conservation and Emission Reduction (2014-2020)* and *Action Plan for Clean and Efficient Use of Coal (2015-2020)*, officially elevating clean coal use to a state energy development strategy. Especially in 2022, six departments including the National Development and Reform

Commission issued the *Benchmark Level and Baseline Level for Clean and Efficient Coal Use in Key Areas* (*2022 Edition*), which, aiming to achieve carbon peak and carbon neutrality goals, put forward promoting clean and efficient use of coal, and facilitating the transition and upgrading of coal consumption. Furthermore, the formulation and revision of coal standards in the coal industry have been advanced in an orderly manner. The standard system has been further improved and the fundamental and guiding role of standards has become more prominent. Efforts have been made to consolidate and streamline mandatory standards and to conduct the centralized review of recommended standards, and a standard review model of "revising a batch, transforming a batch, consolidating a batch and abolishing a batch" was proposed. Since 2014, hundreds of national and industrial standards have been issued and implemented in the coal industry, especially in the emerging fields such as intellectualization and the Internet of Things, and the existing standard system has been supplemented and optimized. Meanwhile, the work on group standardization has gradually progressed and that on enterprise standardization has also been advanced in an orderly manner in the coal industry.

iii. Oil and Gas System Reform Continuously Promoted and Overall Pattern of Oil and Gas Market Formed

From 2014 to 2023, China accelerated the oil and gas system and mechanism reform, and has made positive progress. The reform of the oil and gas market has been deepening, and a market system characterized by diversified entities, resource structures and channels has been basically formed. Various enterprises are competing to participate in oil and gas exploration and development, market trading, import and export. Competition among multiple entities has continued to increase. With the continuous advance of marketization of oil and gas prices, there has achieved a pattern where the crude oil price is determined by the market while the refined oil price follows the government-guided price based on international oil prices, and over 80% of retail prices of natural gas are formed through negotiations between the supply side and demand side, which are market-oriented. Aiming to build the system of production, supply, storage and marketing, and to balance the relationship between development and security, government departments at all levels have systematically planned and implemented comprehensive measures, and the effectiveness of government governance has been continuously improved. An oil and gas management and supervision system and mechanism with orderly competition, legal basis and effective regulation has been basically established. Relevant laws, standards and policies in the oil and gas sector have been continuously perfected, playing a guiding, promoting, standardizing and safeguarding role in the oil and gas system and mechanism reform.

The reform has been comprehensively deepened to promote the development of an "X + 1 + X" market system prototype with the upstream oil and gas resources supplied by diversified entities and through multiple channels, efficient centralized pipeline transportation in the middle stream, and a highly competitive downstream sales market. Firstly, the upstream segment is gradually liberalized, initially forming a diversified oil and gas exploration and extraction market. Over the past decade, a series of measures have been taken to advance the institutional reform in the upstream oil and gas sector, including lifting restrictions on the oil and gas exploration and extraction market in an orderly manner, accelerating release of vitality of the market and enhancing the capability to secure oil and gas resources. Besides the four state-owned oil companies, namely, China National Petroleum Corporation, China Petrochemical Corporation, China National Offshore Oil Corporation, and Shaanxi Yanchang Petroleum Group, other market entities that meet the entry requirements are progressively allowed to participate in oil and gas exploration and extraction. Since 2015, pilot projects have been launched in Xinjiang, Guizhou, Shanxi and other regions to gradually relax restrictions on the qualifications of entities involved in oil and gas exploration and extraction, and on exploration qualifications, allowing various qualified entities to engage in oil and gas exploration and extraction. In 2020, based on these pilot projects, the oil and gas exploration and extraction market was opened nationwide. Domestic and foreign companies registered in China with a net asset value of no less than 300 million yuan are all eligible to obtain oil and gas mining rights, and those meeting safety, environmental protection and other requirements and regulations, as well as possessing corresponding technical capabilities in oil and gas exploration and extraction, are eligible to engage in oil and gas exploration and extraction. According to statistics, more than 60 social entities have been introduced to participate in oil and gas exploration and extraction through open market competition for the granting of oil and gas exploration rights. An exploration and extraction system dominated by large state-owned oil and gas companies and involving various economic components has been gradually developed. Secondly, the National Pipeline Network Group was established to orderly advance the construction of "one unified network for the whole country". Over the past decade, focusing on accelerating the construction of domestic oil and gas trunk pipelines and urban gas networks, China has made efforts to advance the institutional mechanism reform in natural monopoly segments, basically forming a new pattern for the development of oil and gas pipeline network. Guided by the requirements of documents such as *Several Opinions on Deepening the Reform of Oil and Gas System* and *Implementation Opinions on the Reform of the Oil and Gas Pipeline Network Operation Mechanism*, the National Oil and Natural Gas Pipeline Network Group, which is controlled by state-owned capital and has diversified investment entities, was set up in 2019 to undertake the investment, construction and operation of the infrastructures such as oil and gas trunk pipeline networks, and gas storage and peak shaving. It is also responsible for the connectivity of trunk pipelines and their connection with other entities' oil and gas pipelines, as well as for the corresponding operation and dispatching of the oil and gas pipeline networks. With the setup of the National Oil and Gas Pipeline Network Group and separation of transportation from marketing for various types of long-distance pipelines at all levels, the physical connectivity and the transmission and distribution system of the "one unified network for the whole country" has continued to be improve, and the layout of the oil and gas pipeline network has become more reasonable with its coverage further extended, which helps to gradually achieve fair access to midstream infrastructures such as pipelines for third-party market entities. The planning, construction and operation of the national oil and gas trunk pipeline networks have been effectively coordinated, and the connectivity between pipelines and the improvement of national pipeline network architecture have been promoted. An overall layout of oil and gas pipeline network of "four major strategic corridors plus five vertical and five horizontal channels" has been basically formed, initially realizing a "unified national network" and stable allocation of oil and gas resources across regions and even across the country. Thirdly, market-oriented reforms in the downstream segment of the oil and gas sector have continued to deepen, significantly enhancing market vitality. Over the past decade, adhering to the direction of market-oriented reform, China has successively lifted policy restrictions in areas such as oil and gas import trade and terminal sales to fully arouse the enthusiasm of various types of capital to participate in the construction of the oil and gas market. Since 2014, competitive businesses in the oil and gas sector have gradually become open, allowing various market entities to enter the field, and restrictions on wholesale operators of refined oil have been lifted in an orderly manner, allowing qualified market entities to independently sell qualified refined oil and encouraging enterprises to participate in natural gas imports. In 2015, the National Development and Reform Commission issued the *Circular on Issues Concerning the Use Management of Imported Crude Oil* and the Ministry of Commerce issued the *Circular on Works Concerning Applications of Crude Oil Processing Enterprises for Import Qualification in Non-State-Run Trade*, further liberalizing the rights to import crude oil and to use imported crude oil. Qualified local crude oil processing enterprises are allowed to obtain import qualification in non-state-run tradings and to use imported crude oil, and the local refineries are encouraged to eliminate backward refining equipment in exchange for quotas for the use of imported crude oil. In 2018, the *Special Administrative Measures for Foreign Investment Access* (*Negative List*) (*2018 Edition*) issued by the National Development and Reform Commission and the Ministry of Commerce removed restrictions on the number and shareholding ratio of foreign-funded gas stations, and more foreign investments have been attracted to domestic comprehensive energy stations centered on refueling services. In 2019, it was further clarified that urban gas services would be open to foreign investors, allowing foreign enterprises to hold controlling stakes in urban gas services for cities with a population over 500,000. Meanwhile, China has accelerated the construction of oil and gas trading platforms, continuously improved the basic trading system of the oil and gas market, standardized market entity entry standards, and encouraged the establishment of a stable long-term trading mechanism. The state-level spot and futures markets have been further expanded. As of 2023, policy restrictions on private and foreign capital in the oil and gas terminal market and trade had been eliminated, stimulating market demand and vitality, and a market pattern with diversified participants has been established.

Continuous efforts have been made to advance the market-oriented pricing reform of oil and gas. Firstly, a royalty system for oil and gas resources has been established, and policies on the paid acquisition and extraction of oil and gas resources have been continuously improved. Over the past decade, open competition for oil and gas resource areas has been actively promoted and the oil and gas resource taxation system has been reformed to constantly strengthen and perfect the oil and gas resource tax system and the policy on proceeds from the transfer of mining rights. In 2017, the State Council issued the *Reform Plan for the Royalty System of Mineral Resources*, demanding reform of the mineral resource taxation system, rationalization of the mineral resource taxation structure, reasonable adjustment of mineral resource revenue, and establishment of a new type of mineral resource royalty system in line with China's characteristics. In the same year, the Ministry of Finance and the former Ministry of Land and Resources issued the *Interim Measures for the Collection and Management of Mining Rights Transfer Revenue*, stipulating that proceeds from mining rights transfer should be collected, which can be in the form of transfer amount determined by market transaction results at the time of transfer either in a lump sum or in installments. It can also be collected in the form of a transfer yield rate, levied in the form of a certain percentage of the sales revenue from the extracted mineral products during the extraction process. The *Resource Tax Law* stipulates that oil and gas resource taxes are levied based on price, with tax rates for crude oil, natural gas, shale gas and natural gas hydrates all set at 6%. In 2023, the Ministry of Finance, Ministry of Natural Resources, and State Taxation Administration issued the *Measures for the Collection of Mining Rights Transfer Proceeds*, which refined the policy on the collection of oil and gas mining rights transfer proceeds through a "price plus rate" method. The "price" refers to the transaction price determined at the time of mining rights transfer, and the "rate" refers to a certain percentage of the sales revenue from mineral products collected during the extraction process, with mining rights proceeds = mining rights transaction price + annual mining rights proceeds (annual mineral product sales revenue × mining rights transfer yield rate). Secondly, the pricing mechanism for petroleum is gradually being perfected, becoming increasingly market-oriented. Over the past decade, based on the practice that prices for crude oil are market-regulated and those for refined oil are government-guided, the petroleum pricing mechanism has been continuously improved. In 2013, the National Development and Reform Commission issued the *Circular on Further Improving the Price Formation Mechanism of Refined Oil*, shortening the pricing and price adjustment cycle from the original twenty-two working days to ten working days, removing the 4% price adjustment limit, and adjusting the types of oil that link to domestic refined oil prices. In 2016, the National Development and Reform Commission issued the *Circular on Further Improving the Price Formation Mechanism of Refined Oil* and *Petroleum Price Management Measures* to further adjust the price mechanism for refined oil. The price regulation floor is set at

$40 per barrel for refined oil; a risk reserve for oil price regulation is established; the ex-factory price of liquefied petroleum gas is liberalized; the operation for adjusting refined oil prices is simplified. The implementation of the more scientific and transparent price operation mechanism has helped to ensure normal supply in the petroleum market, to promote orderly competition in the refined oil market and to avoid significant fluctuations in refined oil market prices, which has played a positive role in promoting sustained and healthy economic and social development. Thirdly, the natural gas price reform has continued to deepen and the marketization process has been accelerated. Over the past decade, following the overall requirement for stable and coordinated development of the natural gas industry, natural gas price reform has been advanced in an orderly manner towards market-orientation. In 2014, a tiered pricing regime of gas for residential use was introduced. The prices are divided into three tiers, covering respectively 80%, 95%, and 100% of household gas consumption within the region, and a progressive surcharge system is implemented for gas use beyond the quota, with the price ratio among the three tiers being 1 : 1.2 : 1.5. In 2015, based on changes in the prices of alternative energy resources, the price of incremental gas for non-residential use was reduced by 0.44 yuan per cubic meter, and that of inventory gas was increased by 0.04 yuan per cubic meter, effectively merging two tiers of pricing into one, which has thus fully rationalized the terminal gate prices of gas for non-residential use. The management of gate price has been reformed, shifting from a maximum price cap management to "benchmark price plus floating range" management that allows prices of gas for uses other than residential and fertilizer production to float up by 20% after one year. In 2016, the National Development and Reform Commission issued the *Circular on Strengthening Supervision on Local Natural Gas Transmission and Distribution Prices to Reduce Enterprise Gas Use Costs*, explicitly requiring all regions to reduce gas supply links, lower excessively high provincial pipeline transportation prices and distribution prices. The *Measures for the Administration of Natural Gas Pipeline Transportation Price* (*Trial*) and *Measures for the Supervision of Natural Gas Pipeline Transportation Pricing Costs* (*Trial*) were issued, which established the pricing principle of permitted costs plus reasonable returns, clarified effective asset scope, permitted return rate, pricing cost composition, and cost supervision and examination behaviors, and set freight rate for each pipeline transport enterprise, achieving a shift from "one line, one price" to "one enterprise, one price". The *Circular on Advancing Market-oriented Price Reform of Gas for Fertilizer Production* was issued, liberalizing prices of gas for fertilizer production. Till then, terminal gate prices for direct supply users had been fully liberalized. Meanwhile, Fujian Province was selected to pilot market-oriented reform of terminal gate prices, becoming the first province that has fully marketed the terminal gate prices. In 2017, the *Guiding Opinions on Strengthening Supervision of Distribution Gas Price* was issued, putting forward clear requirements for distribution gas price verification, determination, check and other links, as well as for cost supervision, information disclosure and other aspects. In 2018, the *Circular on Rationalizing the Terminal Gate Price of Natural Gas for Residential Use* was issued, reforming the management of the price of gas for residential use from controlling the highest terminal gate price to setting benchmark terminal gate price, and aligning the price levels with that of natural gas for non-residential use. In 2019, the *Guiding Opinions on Regulating the Installation Fees of Urban Gas Projects* stipulated the standard for urban gas project installation charges that the cost-profit margin should not exceed 10% in principle, thereby reducing the cost of natural gas for the end users and guiding urban gas enterprises towards transformation and upgrading. The *Catalogs of Central Government-Set Prices* (*2020*), released in 2020, clarified that the gate prices for natural gas in provinces with competitive conditions should be formed by the market, pointing out clear direction for further liberalizing terminal gate prices. In 2022, the pipeline transmission pricing reform was advanced by adopting the idea of pricing by region, which involves implementing "zone-specific pricing, one price per zone" for the four regions of the Northwest, Southwest, Northeast, and Central East regions that are constructed around the nodes of Zhongwei in Ningxia, Guiyang in Guizhou, and Yongqing in Hebei, thus establishing a pipeline transmission pricing mechanism that is compatible with the current oil and gas pipeline network system. The *Guiding Opinions on Improving the Pricing Mechanism for Gasification Services at Imported Liquefied Natural Gas Terminals* has been issued, which clarifies the definition and implications of the pricing for gasification services at the Liquefied Natural Gas (LNG) terminals, and improves the pricing method for gasification services, further promoting fair opening of imported LNG terminals.

The capability and level of government management in the oil and gas sector have been continuously enhanced. Firstly, the reform of "streamlining administration and delegating power, improving regulation, and upgrading services" has been steadily advanced, further improving the business environment and government-business relations. Over the past decade, great efforts have been made to streamline administration and delegate powers, with over a hundred approval items being canceled or delegated, accounting for more than 70% of the original approval items of the relevant regulatory departments of the oil and gas industry. Comprehensive reviews of normative documents have been conducted and a system for legality review has been established to strictly control new administrative approval items. Since 2017, the natural resource authorities have issued the *Circular on Matters Concerning the Improvement of Approval and Registration Management of Mineral Resource Exploitation*, *Circular on Further Improving the Management of Mineral Resource Exploration and Extraction Registration*, and *Opinions on Several Issues Concerning Promoting the Reform of Mineral Resource Management* (*Trial*) to streamline the application materials for oil and gas mining rights, optimize the approval process, clarify management requirements and standardize the management of oil and gas exploration and mining rights registration. Management of oil and gas mining rights has been innovated to implement a unified system for oil and gas exploration and extraction. If an oil and gas exploration rights holder discovers exploitable oil and gas resources, they can proceed with extraction after reporting to the natural resource authorities with registration competence. Additionally, the validity period for each extension of exploration rights is extended from two years to five years, reducing the frequency of oil and gas exploration rights approval and registration. Meanwhile, documents such as the *13th Five-Year Plan for Petroleum Development*, *13th Five-Year Plan for Natural Gas Development*, *Medium- and Long-Term Oil and Gas Pipeline Network Planning*, *Opinions on Accelerating the Utilization of Natural Gas*, *Petroleum and Natural Gas Planning Management Approach*, and *14th Five-Year Plan for Modern Energy System* have been successively released, and relevant departments and local governments have further strengthened the effective coordination of petroleum and natural gas industry planning and various types of planning such as that of national territory space, resource utilization and energy systems. Based on the unified deployment of the industry, oil and gas enterprises can coordinate the construction scale, regional layout and pace of progress of various major projects and key projects. The oil and gas sector has basically developed a mechanism that mainly relies on market-oriented means to achieve balance between supply and demand of oil and gas and the coordinated development of the industry, enhancing the synergism between enterprises and the government. Secondly, market access has been continuously improved and governance efficiency of the government constantly promoted. Over the past decade, market access management has been continuously optimized. Access to oil and gas exploration and development has been relaxed, so has been access to investment in and construction of oil and gas pipelines, liquefied natural gas receiving terminals, and gas storage and peak shaving facilities. The market structure of refining and processing has been adjusted, creating a fair and competitive environment for various social capitals to enter the oil and gas industry. In 2016, the *Guiding Opinions on Adjusting the Structure of the Petrochemical Industry to Promote Transformation and Increase Efficiency* required that new refining projects not included in the *Petrochemical Industry Planning and Layout Programme* should be strictly prohibited from construction; the State Council issued the *Circular on Publishing the Catalogue of*

Government-Approved Investment Projects (*2016*) to clarify that new refining projects and expansion projects that are not included in the related state-approved plans are strictly prohibited from construction, and that the approval of new/ expansion projects is delegated from central government to provincial government according to the related state-approved planning. In 2018, the State Council issued the *Petrochemical Industry Planning and Layout Programme*, proposing to strictly control refining capacity and refined oil production scale, eliminate backward production capacity, promote the construction of the seven major coastal petrochemical industrial bases in an orderly manner, and improve the integration level of refining and chemical industry. Pilot reforms of the oil and natural gas system has been active implemented, and comprehensive and pilot reforms have been advanced in Sichuan, Chongqing, Xinjiang, Guizhou, Jiangsu, Shanghai, Hebei and other places to further improve the market entry mechanism that is standardized, orderly, fair and reasonable. In 2019, the *Opinions on Several Issues Concerning Promoting the Reform of Mineral Resource Management* (*Trial*) stipulated opening up the oil and gas exploration and extraction market. In 2023, the *Opinions on Several Issues Concerning Deepening the Reform of Mineral Resource Management* further improved the exit system of oil and gas exploration blocks, and reduced the deduction area ratio from 25% to 20% in consideration of the actual management of oil and gas exploration and extraction. The effects of this round of reform showed that the actual deduction area ratio dropped to about 15%. At the same time, it encouraged social capital investment in oil and gas resource exploration and extraction, comprehensively pushed forward competitive transfer of mining rights and relaxed restrictions on mining transfer and changes. With improvement of the management of oil and gas market access, the government's role in industrial macro-control has been better played, and the enthusiasm of oil and gas market entities has been enhanced, and oil and gas production efficiency has been improved, which have promoted high-quality development of the oil and gas industry. Thirdly, the continuous promotion of government function transformation has further enhanced the market supervision capabilities. Over the past decade, with the acceleration of the transformation of government functions, the reform on supervision approach for the petroleum and natural gas industry, and comprehensive adoption of various means such as information disclosure, qualifications, credit and digital supervision, the oil and gas market order has been continuously improved, and the modernization level of the governance system and governance capabilities has been significantly enhanced. The natural resource authorities have successively established such systems as that for public display of explorers' exploration and extraction information, and that for survey and assessment of mineral resource development and utilization. Significant changes have taken place in the supervision concepts and methods in the oil and gas industry, which has shifted from focusing on preliminary approval to strengthening interim and ex post supervision, from being supervised mainly by the government to being jointly supervised by government and the public. Starting from 2014, a series of market regulations have been formulated and documents such as *Natural Gas Infrastructure Construction and Operation Management Approach*, *Measures for the Administration and Supervision of Fair Access to Oil and Gas Pipeline Network Facilities*, *Several Opinions on Establishing a Long-term Mechanism to Ensure Stable Natural Gas Supply*, and *Action Plan for Upgrading the Quality of Finished Oil Products to Prevent and Control Air Pollution* have been issued. Since 2015, revisions have been successively made on *Crude Oil Market Management Approach*, *Refined Oil Market Management Approach*, and *Crude Oil and Refined Oil Circulation Management Approach*, strengthening supervision over the crude oil and refined oil market, and further regulating the crude oil and refined oil operation. In 2018, the State Council issued *Several Opinions on Promoting the Coordinated and Stable Development of Natural Gas*, requiring strengthening the construction of production, supply, storage and sales systems, establishing and improving the credit system in the field of oil and natural gas, and implementing joint punishment for serious illegal and dishonest acts. Besides, it required intensifying efforts to investigate and expose behaviors of increasing or covertly increasing oil and gas prices by changing pricing methods, imposing compulsory services etc., using industrial chain advantages to force the shift of gas storage and peak shaving responsibilities, and reaching and implementing monopoly agreements by abusing market dominance. Innovation in supervision approaches has improved government market supervision capability, which has basically adapted to the rapid development of the oil and gas industry and facilitated the formation of a good market order.

The legal and standard system for petroleum and natural gas has continued to be strengthened and perfected. Firstly, the legislative work in the oil and natural gas industry has been continuously advanced and the legal system has been basically developed. Over the past decade, with the resolute implementation of the decisions and arrangements for comprehensive law-based governance and the continuous advancement of revision of laws and regulations in such key areas as exploration and development, refining and processing, pipeline transportation, oil and gas retail, strategic reserves, joint ventures and cooperation, and finance in the oil and gas industry, the legal system of oil and gas has been continuously improved. Efforts have been made to promote the legislative work related to the oil and gas industry, such as the *Oil and Natural Gas Law*, *Foreign Investment Law*, *Oil Reserve Regulations* and *Offshore Oil and Natural Gas Pipeline Protection Regulations*. The *Resource Tax Law* was promulgated and implemented, stipulating that resource tax should be paid for developing oil and gas resources; the *Civil Code of the People's Republic of China* was promulgated and implemented, which categorizes exploration rights and mining rights under the management of usufructuary rights, indicating that oil and gas exploration rights and mining rights have both property attributes and property rights attributes, and that the lawfully obtained oil and gas exploration rights and mining rights are protected by law. The *Mineral Resource Law* (*Revised Draft*) has been submitted to the National People's Congress for a second review and for soliciting opinions from the general public. Meanwhile, the supporting regulations such as the *Detailed Rules for the Implementation of the Mineral Resource Law*,

Measures for the Administration of Mineral Resources Exploration Areas Registration, *Measures for Administration of Mineral Resources Mining Registration*, and *Measures for the Administration of Transfer of Mineral Exploration Right and Mining Right* are being revised. Efforts are being made to accelerate the revision of such laws and regulations as the *Oil and Natural Gas Pipeline Protection Law* and the *Urban Gas Regulations*. The legal system of the oil and gas industry is continuously improved, providing a strong legal guarantee for the rational development, utilization and protection of oil and gas resources, as well as for the processing, circulation, sales and reserves of refined oil, which has played an important role in ensuring national energy resource security. Secondly, efforts to advance law-based administration have been greatly intensified, and the implementation of laws and regulations has become more effective. Over the past decade, administrative enforcement across the entire oil and gas industry chain has been strengthened, focusing on key areas. The enforcement procedures have been improved and responsibilities strictly fulfilled to ensure that laws are put in place, observed and strictly enforced and that anyone who violates the law is held to account. In the upstream segment, laws and regulations such as the *Law on Workplace Safety* and *Environmental Protection Law* have been comprehensively implemented. Special law enforcement actions for workplace safety in onshore oil and natural gas extraction have continued to carry out, and law enforcement in the field of offshore oil exploration and development have been strengthened to prevent and resolve major safety risks in oil and gas exploration and development, and to seriously investigate and punish illegal activities. In the midstream segment, the *Oil and Natural Gas Pipeline Protection Law* is strictly implemented, which highlights the responsibilities, rights and obligations of all parties involved in oil and natural gas pipelines in terms of pipeline construction, operation, protection, emergency response to pipeline accidents, and legal responsibilities, etc. This has increased attention of governments at all levels to the safety and protection of oil and gas pipelines, and improved the territorial management level. The guiding role of the standard system for design, construction, inspection and acceptance and other processes has been strengthened, and full implementation of the standard has been promoted to ensure the safe construction and stable operation of oil and gas pipelines. Significant results have been achieved in pipeline construction, and the compliance management of oil and gas pipeline safety has been further improved. In the downstream segment, efforts have been intensified to enforce laws such as the *Anti-Monopoly Law* and the *Urban Gas Regulations*. Courts are required to try cases involving disputes over oil and gas futures products and fair access according to the law, and strict measures have been taken against illegal behaviors in the finished oil and gas sectors, including unlicensed operations, monopolistic sales and dishonest inspections. A gas business license system has been established to maintain fairness and order of the market. Local authorities have stepped up their efforts to enforce laws and regulations to further regulate the behaviour of all parties in oil and gas development planning, operation and services, emergency protection, facility protection, and the prevention and handling of safety accidents. Thirdly, the construction of the technical specifications and standards system has been strengthened, and significant results have been achieved in safe, efficient and clean development. Over the past decade, continuous efforts have been made to revise national standards for surface engineering of oil and gas extraction, pipeline transportation, LNG processing, storage and transport, and urban LNG gasification supply, and to build industry standard systems for petroleum engineering construction, oil and gas field development, oil and gas storage and transportation, drilling equipment, petroleum safety etc. In 2018, the *Green Mine Construction Specification for Onshore Petroleum and Natural Gas Mine* was released to promote the green transformation of mining environments, scientific extraction methods, efficient resource utilization, standardized enterprise management and harmonious community relations in oil and gas development. For the first time, international standards in the field of natural gas and shale gas were formulated and released, promoting the alignment of natural gas metering methods with international standards. The national standard for natural gas has been revised and the *Technical Specification for Natural Gas Energy Metering* has been implemented. Furthermore, the *Code for Urban Gas Design* has been updated, which reduces the total sulfur content limit for Type Ⅰ gas from 60 mg/m^3 to 20 mg/m^3 and adjusts the high calorific value of natural gas entering long-distance pipelines from 31.4 MJ/m^3 to 34.0 MJ/m^3. Revisions have been successively made for standards of ordinary diesel, gasoline, vehicle ethanol gasoline, biodiesel etc. to continuously promote the construction of a mandatory, energy-saving, advanced and leading standards system. In January 2016, the former Ministry of Environmental Protection and the Ministry of Industry and Information Technology jointly issued the *Announcement on Implementing National V Vehicle Emission Standard*, requiring that from April 2016 to January 2018, the National Ⅴ vehicle emission standard be implemented nationwide by stage and by region according to the upgrading process of oil products. Since January 1, 2019, domestic gasoline has all been upgraded to the National Ⅵ A standard and the vehicle diesel the National Ⅵ standard, reducing the content of olefin, aromatics and benzene in gasoline and diesel, which has significantly improved the cleanliness of oil products. In February 2021, the Ministry of Industry and Information Technology issued the mandatory national standard *Limits of Fuel Consumption for Passenger Cars* (GB 19578—2021), requiring that the average fuel consumption of new passenger cars be reduced to 4.0 liters per hundred kilometers by 2025, while continuously improving Chinese oil quality.

iv. Electricity Governance System Construction Orderly Advanced and New Progress Made in Market-oriented Electricity Reform

Since 2014, China's new round of power system and mechanism reform has been deepened. Significant progress has been made in the electricity market construction. The establishment of the electric trading institutions has been completed; the scope of the provincial-level spot pilot projects has been steadily expanded; a competitive landscape among diverse entities has been initially formed; trading of green electricity and green electricity certificates has been accelerated. A unified national electricity market system has been initially established. Besides, major breakthroughs have been achieved in electricity pricing reform. The cost supervision and examination on power projects focusing on natural monopoly segments has been continuously strengthened; the pricing mechanism of "permitted costs plus reasonable return" for power transmission and distribution price has been basically improved; prices for all coal-fired power generation connected to the grid and for industrial and commercial users have been liberalized in an orderly manner; for the first time, a coal-electricity capacity pricing mechanism was established. China's electricity price system is becoming increasingly complete. The energy authorities actively respond to the resolutions and deployments of the CPC Central Committee and the State Council, deepen the reform of "streamlining administration and delegating powers, improving regulation, and upgrading services" in the power sector, continuously improve the safety management system, and optimize the system and mechanism for electric power supervision. Efforts have been made to promote the revision of relevant laws and regulations, and legislation and revision have become increasingly systematic and synergistic while the rule of law has been strengthened to ensure the safe and stable supply of electricity and the green and low-carbon transition.

A unified national electricity market system has been initially established. Firstly, the scale of market-oriented transactions has gradually expanded, with an increasingly diverse range of market entities. Over the past decade, plans for power generation and consumption have been progressively liberalized, and the market-oriented electricity reform has been steadily advanced. On the power generation side, the National Development and Reform Commission issued the *Guiding Opinions on Deepening the Reform of the Feed-in Tariff Formation Mechanism for Coal-Fired Power Generation* in 2019, making it clear that except for coal-fired power generation needed to secure supply and safety, all the remaining coal-fired power generation should enter the power market. The proportion of guaranteed purchase of renewable energy electricity dropped from 83% in 2016 to 38.6% in 2023. Especially after the release of the *Regulatory Measures for Guaranteed Full Purchase of Renewable Energy Electricity*, the guaranteed purchase has shifted from the "unified purchase and sale" by grid companies to collaborative consumption by multiple market members. On the consumption side, the National Development and Reform Commission issued the *Circular on Fully Liberalizing the Electricity Generation and Utilization Plans for Operating Power Users*, requiring that the electricity generation and utilization plans for commercial users be fully liberalized. In 2023, the national power market traded 5.7 trillion kilowatt-hours of electricity, a year-on-year increase of 7.9%, accounting for 61.4% of the total electricity consumption of the whole society, up 0.6 percentage points from 2022. The proportion of market-based electricity transactions rose from less than 17% in 2016 to over 61% in 2023, and the market mechanisms have played a decisive role in resource allocation. The scope of market entities that have acquired access has continued to expand, with the number of entities having registered with trading institutions reaching 708000, of which about 33000 are power generation enterprises and approximately 4200 power-selling companies, effectively stimulating market vitality. The National Development and Reform Commission and the National Energy Administration issued policies such as the *Circular on Conducting Pilot Projects for Market-Based Transactions of Distributed Power Generation*, *Guiding Opinions on Accelerating the Development of New Energy Storage*, and *Circular on Further Promoting the Participation of New Energy Storage in the Electricity Market and Dispatching Operation*, clarifying the application scenarios and business models suitable for new types of entities such as distributed sources, energy storage and virtual power plants to participate in electricity market transactions. The incremental power distribution reform is still under exploration and successive reform measures have been introduced, which have played a positive role in introducing competition into the distribution sector, enhancing customers' access to electricity and reducing comprehensive electricity costs of enterprises. Though the related departments have released multiple policies and documents targeting at incremental distribution reform and have announced five batches of 459 pilot projects for incremental distribution business reform, only about half of the project owners have obtained the electricity business license (supply type). The *Implementation Measures for the Division of Incremental Distribution Business Areas* revised in 2024 clarified the basic principles and procedures for dividing incremental distribution areas, as well as the disposal methods for existing distribution network assets and users, but there is still room for further improvement in equitable connection to the power grid. Secondly, the establishment of power trading institutions has been completed, providing a trading platform for market-based transactions. Over the past decade, these institutions have operated independently and in accordance with regulations, and equity diversification has been continuously promoted. In coordination with the power grid dispatching institutions, a fair and efficient market service and trading platform has been basically built, which has strongly supported the normal operation of the power market. To implement the "Document No. 9 issued by the CCCPC", the National Development and Reform Commission and the National Energy Administration issued the *Implementation Opinions on the Establishment and Standard Operation of Power Trading Institutions*, which clarifies that the power trading institutions are relatively independent and sets forth requirements for establishing a fair and standardized market trading platform. Supported by documents such as the *Circular on Promoting the Standardized Construction of Power Trading Institutions* issued by the National Development and Reform Commission, and the *Guiding Opinions on Further Strengthening the Standardized Operation of Power Market Management Committees* issued by the National Energy Administration, power trading institutions have continuously advanced the shareholding system transformation and constantly standardized the establishment and operation of power market management committees, giving full play to their roles in autonomous deliberation and coordination. Currently, the two inter-provincial power trading centers in Beijing and Guangzhou, and the thirty-three provincial ones that have been established across China have all adopted an organizational form of corporate system. Thirdly, an electric power market framework featuring "unified market and collaborative operation" has been initially established, forming a power market system that covers the entire cycle and is of multiple levels and with diverse values. At present, transaction cycles of the power market can be multi-year, annual, monthly, weekly, multi-day and daily; the transaction levels are divided into national market and provincial (regional, city)/district one; diverse values are reflected in various trading subjects such as electric energy, ancillary services and green power trading. Over the past decade, the National Development and Reform Commission and the National Energy Administration have successively issued documents such as the *Basic Rules for Medium-and Long-term Electricity Trading*, *Circular on Conducting Pilot Project for the Construction of Electricity Spot Markets*, *Code for Inter-Regional and Inter-Provincial Surplus Renewable Energy Electricity Spot Trading Pilot (Trial)*, *Circular on Further Improving the Pilot Project for the Construction of Electricity Spot Markets*, and *Basic Rules for Electricity Spot Markets*, which has effectively regulated the construction of the power market, gradually perfected the definitions and trading methods for electric energy, ancillary services and green power, and initiated the construction of the first batch of eight electric power spot market pilots in regions such as Southern China (first in Guangdong), West Inner Mongolia, Zhejiang, Shanxi, Shandong, Fujian, Sichuan and Gansu, and the second batch of six spot market pilots in Shanghai, Jiangsu, Anhui, Liaoning, Henan and Hubei. In November 2021, *the Guiding Opinions on Accelerating the Construction of a Unified National Power Market System* was reviewed and approved by the 22nd meeting of the Central Comprehensive Deepening Reform Committee, which, from the perspective of top-level design, proposed to improve the unified power market system of multiple levels, enhance its functions, refine its trading mechanism and strengthen the overall planning and scientific regulation of electric power to meet the new requirements for developing a new electricity system with stronger new energy consumption capacity, which suits China's national conditions. As of 2023, the medium-and long-term electricity directly traded nationwide had reached 4.4 trillion kilowatt-hours, accounting for over 90% of the market-oriented electricity and 47.7% of the electricity consumption of the whole society. Spot electricity trading has been launched nationwide and the non-pilot regions such as Jiangxi, Xinjiang, Shaanxi and Chongqing have initiated the construction of electricity spot markets. The electricity traded on the power market nationwide was 5.67 trillion kilowatt-hours, accounting for 61.4% of the electricity consumption of the whole society. Besides, it has been made clear that the ancillary services market covers a number of varieties such as peak shaving, frequency modulation, reactive power regulation and standby, and in addition to thermal power and pumped storage, the newly added resources, for which auxiliary services can be provided, including new load aggregators, virtual power plants, new energy storage and other new entities. Green power trading has been pilot-launched in regions covered by the State Grid, Southern Power Grid, and West Inner Mongolia Power Grid, and the scale of green power transactions in 2023 reached 53.77 billion kilowatt-hours.

Construction of the electricity pricing system has become increasingly refined. Firstly, the price management and regulation have become more efficient, and a scientific and independent transmission and distribution pricing system has been established. Over the past decade, China's electricity price reform has initially achieved the goal of "allowing for more competition in electricity generation, sales and consumption while tightening government regulation of power grid, transmission and distribution", making the electricity price formation mechanism more reasonable and standardized. Since 2015, such documents as the *Transmission and Distribution Pricing Cost Supervision and Examination Methods*, *Opinions on Further Strengthening Price Regulation in Monopoly Industries*, and the *Government-Set Price Cost Supervision and Examination Methods* have been successively released. Adhering to combining short-term effects with long-term governance, China has implemented full-chain management and supervision of power planning, construction, production, operations and secure supply, and has promoted the standardization and institutionalization of price supervision of power grid and other monopoly industries to continuously enhance the efficiency of power governance. Besides, a "1+4" transmission and distribution price policy system with one general transmission and distribution cost supervision and examination method and four pricing methods for power grids of different levels has been developed. With electricity transmission and distribution pricing reform, China has established a pricing system that centers on "permitted costs plus reasonable returns" and combines constraints with incentives, and has promoted the shifting of the operation model of the power grid from profiting from obtaining purchase and sale price differentials to charging electricity transmission and distribution fees. Based on the effective assets of the power grid, comprehensive and direct supervision over transmission and distribution revenue, cost and price has been realized, which has promoted power grid companies to establish and improve their transmission and distribution cost collection systems. After three regulatory cycles, the electricity transmission and distribution price reform has continued to advance deeply, currently covering every link and the whole field of electricity transmission and distribution such as special inter-provincial and inter-regional projects, regional power grids, provincial power grids, local power grids and incremental distribution networks. As of 2023, a total of over 120 billion yuan of irrelevant and unreasonable transmission and distribution costs have been reduced. Secondly, the optimization and adjustment of electricity price structure have significantly promoted its marketization. After the release of the "Document No. 9 issued by the CCCPC", the market-based pricing mechanism has been continually improved. In 2021, the National Development and Reform Commission issued the *Circular on Further Deepening the Market-oriented Reform of Feed-in Tariff for Coal-fired Power Generation*, changing the benchmark feed-in tariff mechanism for coal-fired power generation to a market-oriented price mechanism that allows the price to float up and down based on the benchmark price, further liberalizing prices in the competitive segments of electricity. The settlement of tariffs for commercial users had been based on the non-market-based catalogue prices, but then it was changed to a differential price model after being market-based, and now it has been gradually adjusted to a sequential price model based on "energy price plus transmission and distribution price plus government funds and surcharges plus system operation cost". In order to ensure abundant supply and safety of the power system, and to compensate for the effective capacity of power generation resources in securing power supply when the system is under the maximum load, the National Development and Reform Commission and the National Energy Administration issued the *Circular on Establishing a Capacity Tariff Mechanism for Coal-fired Power Generation* in 2023, requiring that, starting from January 1, 2024, the unitary tariff of coal-fired power will be adjusted to a two-part tariff composed of capacity tariff and electricity tariff, and the current capacity tariff will be set to ensure that 30% of the fixed costs of coal-fired power units in most regions can be recovered. Thirdly, the subsidy mechanism has been promptly adjusted, which plays an important role in the development of renewable energy. To actively promote the connection of renewable energy to the grid and consumption, China has gradually perfected the series of support policies for the development and utilization of renewable energy in terms of price, fiscal and tax, and finance. Before 2016, the National Development and Reform Commission successively issued documents such as the *Tentative Measures for the Management of Price and Cost Sharing of Renewable Energy Power Generation*, *Interim Measures for the Allocation of Revenue from Tariff Surcharge for Renewable Energy*, and *Interim Measures for the Management of Subsidy Funds for Renewable Energy Tariff Surcharge*, propelling the installed capacity of such renewable energy sources as wind power and photovoltaic jump from 46.23 million kilowatts and 2.12 million kilowatts in 2010, and to 147.47 million kilowatts and 76.31 million kilowatts in 2016, respectively. With the scale development and rapid technological progress of wind and photovoltaic power generation, renewable energy has initially met the conditions for connecting to the grid in parity with coal-fired units. In 2016, a policy for the phase-out of benchmark feed-in tariff for renewable energy sources such as wind and photovoltaic was initiated, reducing the annual increase in subsidy funds by about 10 billion yuan, and it clarified that from 2021 onwards, newly approved onshore wind projects, newly registered centralized photovoltaic power stations, and commercial and industrial distributed photovoltaic projects would achieve parity in terms of feed-in price. Meanwhile, since 2021, the General Office of the State Council has issued the *Circular on Implementation Plan for Promoting the High-quality Development of New Energy in the New Era*, and the National Development and Reform Commission and the National Energy Administration have issued the *Circular on Further Accelerating the Construction of Electricity Spot Markets*, allowing the feed-in tariff of renewable energy to form by participating in market-oriented transactions, and permitting declaration of environmental premiums to reflect the green electricity value of renewable energy. In 2023, the market-oriented transaction of renewable energies such as wind and photovoltaic reached 684.5 billion kilowatt-hours, accounting for 47.3% of the total wind and photovoltaic power generation.

Construction of the government administrative and regulatory system in the power sector is accelerating. Firstly, the government plays a guiding role as the power industry has entered a new stage of high-quality development. Following the reform requirements of "streamlining administration and delegating power, improving regulation, and upgrading services", the National Energy Administration issued the *Circular on Doing a Good Job in the Planning and Construction Work after Delegating Electric Power Project Approval Rights* in 2015, which requires optimizing project approval method and process. Currently, authorization and exit of power projects in various regions only need to be approved by the provincial electricity authorities, and the operational entities can get market access within one month after registration, which is valid in multiple locations after registration in one location. On the generation side, measures such as medium- and long-term planning, five-year plans, and capacity control have continued to guide the optimization of the structure of power sources. The scale of coal-fired power units that have undergone the energy-saving and carbon reduction transformation, heat supply transformation and flexibility transformation with increased flexible load regulation capabilities and upgraded heat supply capacity has exceeded 485 million kilowatts, and the national standard coal consumption per kilowatt-hour for power plants of 6000 kilowatts and above stands at 301.6 grams/kilowatt-hour, which is at a relatively high level globally. The carbon dioxide emissions per kilowatt-hour for thermal power generation are about 821 grams/kilowatt-hour, a decrease of 0.4% year-on-year. The system adjustment capability continues to strengthen, with coal power units capable of deep adjustment accounting for more than 50% of the installed capacity, and the newly added installed capacity of pumped storage and new types of energy storage have reached 28.14 million kilowatts. Through five-year plans and major and key project planning, the grid framework structure is continuously optimized. As of 2023, the total length of transmission lines of 220 kV and above reached 920500 kilometers, an increase of 51% since 2015. On the demand side, efforts have been made to further strengthen electric energy quality management. In 2023, the National Development and Reform Commission released the new versions of the *Electric Energy Quality Management Measures*, *Power Demand Side Management Measures*, and *Power Load Management Measures*, enhancing electric energy quality management on the supply side while improving new power load management capabilities in terms of the implementation of demand response, electricity saving, electric energy substitution, green electricity use, smart electricity use, and orderly electricity use on the demand side, thereby promoting energy conservation, emission reduction and green development in the power industry. Over the past decade, China's electric energy quality has steadily improved, with the comprehensive voltage qualification rate reaching 99.99%. Secondly, regulatory measures in the power sector continue to improve, and regulatory obligation, power and responsibility have been effectively implemented. Over the past decade, the national energy authorities have effectively supervised the implementation of plans, policies, standards and projects, and they have especially strengthened supervision on investment projects during and after their execution, intensifying assessment and adjustment of planning and policies after their implementation. In 2020, the National Energy Administration issued the *Provisions on the Administration of Electric Power Business Licenses*, establishing a new regulatory system centered on registration and credibility commitments, improving the targets of electric power market supervision, and optimizing and adjusting the content of supervision while innovating regulatory measures to support and maintain fair and orderly market operation. In 2023, through integration of "random inspection by randomly selected staff and prompt release of inspection results" and credit grading and classification, more than 19000 items involving license business were handled through a promise system. In 2023, the National Energy Administration issued the *Circular on Carrying Out Comprehensive Supervision in the Power Sector*, requiring that comprehensive supervision should be carried out to cover the full chain of power planning, construction, production and operation, and secure supply to ensure the implementation of major planning policies in the power sector and to regulate the order of the power market. On the generation side, continuous efforts have been made to strengthen support for the stable operation of the power system in emergency situations. Documents such as *Circular on Further Improving the Planning and Construction Work of Pumped Storage* and *Announcement on Carrying Out Comprehensive Supervision on Construction and Operation of Regulating Power Supplies in the Electric Power System* further strengthen the supervision on power generating operation, adding technical guidance and management requirements for new energy, new types of energy storage and load-side grid-connected entities. On the grid side, the regulatory system framework and pricing cost monitoring methods for transmission and distribution have continued to be perfected. With the release of *Regulatory Approaches to Fair Opening of Power Grid* and *Implementation Measures for Information Disclosure of Power Supply Enterprises*, the supervision on fair opening of power grid has been further strengthened, and information disclosure of power supply enterprises have been conducted in accordance with regulations. In addition, in order to support the construction of a unified national power market system, based on the *Opinions on Fully Implementing Joint Departmental Market Supervision of "Dual Random Selections and Prompt Release of Inspection Results"* issued by the State Council, the national energy authorities issued documents such as *Opinions on Strengthening the Supervision on Medium-and Long-Term Electricity Trading*, *Circular on Further Perfecting the Plant-Grid Joint Meeting System for Electric Power Dispatching Trading and Market Order*, *Circular on Carrying Out Special Supervision on Inter-Province and Inter-Region Electricity Trading and Market Order*, *Administrative Measures for the Access and Exit of Electricity Sales Companies*, and *Administrative Measures for Orderly Lifting Restrictions on Distribution Network Businesses*, which has strengthened comprehensive supervision on the power market. All the provincial and municipal power trading centers have fully launched the power market operation risk monitoring platform, and accurately monitor the market behaviors of business entities to avoid various kinds of non-compliance such as insufficient performance bond amount for power sales companies, illegal and invalid registration information of market entities, and delayed reporting of changes in registration information, which has effectively curbed market risks and hidden dangers and maintained the order of the power market.

The systems of laws, regulations and standards for the power industry have continued to improve. Firstly, with consistent advancement of legislative work, a legal system for the power sector is basically developed. Over the past decade, in line with reforms in key areas of the power sector, continuous efforts have been made to revise and improve laws and regulations related to grid construction, workplace safety, and supervision and management to perfect the system of laws and regulations that adapts to the requirements of building an ecological civilization and of the green and low-carbon energy transition and development. With the rapid development of renewable energy, efforts have been focused on revising laws such as the *Electric Power Law* and the *Renewable Energy*

Law. To align with the "licensing before certificating" policy reform proposed by the State Council, the *Electric Power Law* was revised for the second time in April 2015, with the provisions on preliminary review for business registration amended. In December 2018, it was revised for the third time, specifying procedures for establishing and changing electricity supply business areas. The two revisions have somewhat alleviated the problem of imperfect fundamental laws in the power system reform. The revision of the *Renewable Energy Law* has been included in the 14th National People's Congress Standing Committee's legislative plan, aiming to strengthen the coordination of renewable energy planning policies, promote clean and low-carbon energy development, improve the universal energy service mechanism, and establish market rules adaptable to renewable energy participation. The continuous improvements in the legal system of the power industry provide strong support for clearing institutional barriers and ensuring stable, rapid and safe development of the power industry. Secondly, the management of electricity supply and use has been strengthened according to law, effectively protecting the legitimate rights and interests of power companies and consumers. Over the past decade, requirements for law-based management in the power sector have been further clarified. The enforcement processes have been improved and the responsibilities have been strictly implemented to continuously strengthen administrative enforcement throughout the power industry chain. In order to enhance the management of electric power supply and use, safeguard the legitimate rights and interests of both suppliers and users, maintain the order in supply and use, and ensure safe, economical and rational use of electricity, the *Regulations on Supply and Use of Electric Power* was revised for the first time in February 2016, regulating the process of applying for the "License for Installation (Repairing) of Power Facilities" for units that undertake to install, repair and test power supply facilities and receiving facilities, thereby improving the management system for electric power facilities installation (repairing). In March 2019, it was revised for the second time, clarifying the content related to electricity supply business areas and perfecting the fundamental system of electricity supply business licenses. Both revisions have standardized the behaviors of electricity supply entities, users and relevant units and individuals in the process of electricity supply and use from aspects such as electricity supply business areas, electricity supply facilities, electricity supply and use contracts, and supervision and management. Thirdly, the construction of the power standards system has been strengthened and the management of the power system safety has been improved. Over the past decade, in accordance with the requirements for building a new electricity system, efforts have been made to continually strengthen the construction of the standards system for emerging technologies and business models such as smart generation, new energy generation, new types of storage, and electric vehicle charging facilities. Adaptive revisions have been made to standards in traditional fields such as equipment technical standards, connection and operation standards, market standards and standards for safe and stable operation of the power system. The construction of the power standards system has been continuously intensified. A technical standards system centered around core documents like the *Code on Security and Stability for Power System*, *Guide on Technology for Power System*, *Grid Operation Code*, and *National Technical Specification for the Safety of Electric Equipment* has been gradually perfected and updated promptly to enhance the role of standards in guiding technological development and standardizing technical requirements. The release of national standards such as the *Technical Rule for Connecting Photovoltaic Power Station to Power System*, *Technical Rule for Connecting Wind Farm to Power System*, and *Technical Requirements for Connecting User-side Electrochemical Energy Storage System to Distribution Network* has further promoted the power distribution system reform and electric transformer district reform. In 2022, to accelerate the construction of a new power system, China took the lead in formulating the world's first international standard framework system for key technologies of the new electricity system. The *Guide for the Construction* of a *New Energy Storage Standard System* and the *General Technical Requirements for Electrochemical Energy Storage System of Power System* released in 2023 were aimed at establishing a standard system for new type of energy storage that fits China's national conditions and aligns with international standards, based on the current status of new energy storage technology, industrial application needs and future development trends, and the construction concepts of the new electricity system. By 2023, more than 100 key standards for new energy storage had been formulated or revised, and there are over 200 standards in the fields of new energy vehicles and charging/swapping in China, of which 137 are national standards and 91 are industry ones, covering basic general-purpose, whole vehicle, key assemblies, charging infrastructure, interfaces and other areas.

Ⅱ. Outlook of China's Energy System Revolution

The "dual carbon" initiative has set new requirements for further deepening the energy system reform. The ninth meeting of the Central Financial and Economic Affairs Commission in 2021 emphasized that China's goal to reach carbon peaking before 2030 and to achieve carbon neutrality before 2060 was a major strategic decision made by the Central Committee of the Communist Party of China after careful consideration. This decision is crucial for the sustainable development of the Chinese nation and the building of a community with a shared future for mankind. Green and low-carbon development of energy is key to the "dual carbon" initiative, necessitating "deepening reforms in the energy sector and related fields to form an effective incentive and constraint mechanism". After the release of the *Working Guidance for Carbon Dioxide Peaking and Carbon Neutrality in Full and Faithful Implementation of the New Development Philosophy* by the Central Committee of the Communist Party of China and the State Council, and the *Action Plan for Carbon Dioxide Peaking Before 2030* in 2021, energy-related departments and local governments have formulated their own action plans for carbon peaking, initially establishing a "1 + N" policy framework. In 2022, the National Development and Reform Commission and the National Energy Administration issued the *Opinions on Improving the System, Mechanism, Policies and Measures for Green and Low-Carbon Energy Transition*, actively promoting the energy system reform to better support the "dual carbon" initiative.

i. Energy System Reform Continuing to Deepen Comprehensively and Mechanism for Green and Low-carbon Energy Development Improved

To further deepen the energy system revolution faces new situations and challenges. On one hand, coordination of the multiple objectives, such as balancing the relationship between development and emission reduction, and between carbon reduction and energy security, puts forward higher requirements for the energy system and mechanism reform. The report of the 20th National Congress of the Communist Party of China put forward the grand goal of basically achieving socialist modernization by 2035, which necessitates a steady and relatively rapid economic development. A stronger energy supply capability is critical to supporting economic development. Thus, the pressure to ensure energy supply still exists. However, the energy security situation is becoming increasingly complex with traditional and non-traditional energy security intertwined. The report of the 20th National Congress also explicitly proposes "accelerating the planning and construction of a new type of energy system" and "actively and steadily advancing peaking carbon dioxide emissions and carbon neutrality", which requires the energy system to be cleaner, lower-carbon, safer and more efficient. To achieve the multiple objectives, it is necessary to have a stronger energy production capacity, a higher energy utilization efficiency and a more reasonable energy productivity layout. To promote the development of new quality productive forces of energy calls for developing production relations that match the new quality productive forces, which puts forward higher requirements for the next step to comprehensively deepen the energy system and mechanism reform. On the other hand, building a new type of energy system imposes new requirements on energy structure and industrial development, presenting new challenges to the energy system and mechanism reform. In the next decade, the energy production and consumption structure will undergo dramatic changes, and the installation and proportion of new energy electricity such as wind and photovoltaic power will increase more quickly. The iteration of energy technology and industrial innovation will be active, and emerging hydrogen energy, new storage methods, digitalization of energy, and other new technologies and new business formats will flourish. The energy system as well will undergo fundamental changes, and new business formats such as an increasingly great number of producers and consumers, the coexistence of distributed and centralized system, integrated interaction of source, grid, load and storage, and multi-energy synergies will develop rapidly. This also necessitates reforming and improving the energy system and mechanism to keep with the time.

Guided by the spirit of the Third Plenary Session of the 20th Central Committee, China will further deepen the energy system and mechanism reform comprehensively. After a decade of comprehensive and in-depth reforms, China has achieved phased results in building a market-oriented energy system, and the management and supervision system and the system of rule of law in the energy sector are constantly being improved. Facing the new requirements of accelerating the planning and construction of a new energy system, China will further deepen the energy system and mechanism reform in an all-around way. In particular, it will vigorously promote the decisive role of the energy market in resource allocation. The *Resolution of the Central Committee of the Communist Party of China on Further Deepening Reform Comprehensively to Advance Chinese Modernization* adopted at the Third Plenary Session of the 20th Central Committee of the Communist Party of China (hereinafter referred to as "the *Resolution* of the Third Plenary Session of the 20th Central Committee") has pointed out the direction for further deepening the energy system and mechanism reform comprehensively.

The *Resolution* of the Third Plenary Session of the 20th Central Committee further clarifies the requirements for reforming the energy market system. Article 5 "upholding and fulfilling the commitments to the public and non-public sectors" in the second part of the *Resolution* of the Third Plenary Session of the 20th Central Committee, "Building a High-standard Socialist Market Economy", proposes that "while promoting independent operation of natural monopoly businesses in sectors such as energy, we will advance market-oriented reforms in the competitive areas of these sectors and improve regulatory institutions and mechanisms". In Article 6 "building a unified national market", it mandates that "pricing reforms will be continued in sectors such as energy, and the tiered pricing mechanisms for household water, electricity and natural gas consumption will be improved, as will a pricing mechanism for refined oil products", as well as "deepening reform of the energy management system, building a unified national electricity market, improving the operation and coordination mechanisms for oil and gas pipelines", etc., which provide fundamental guidance for deepening the market-oriented energy reform comprehensively in the future. The content of this part not only aligns with the relevant requirements of the *Decision* of the Third Plenary Session of the 18th Central Committee but also puts forward more specific requirements in response to the blocking points and difficulties in the current construction of the energy market system.

Aiming to achieve the "dual carbon" goals, the *Resolution* of the Third Plenary Session of the 20th Central Committee provides more definite guidance for energy system reform. Article 49 of the *Resolution* of the Third Plenary Session of the 20th Central Committee puts forward "improving mechanisms for green and low-carbon development", focusing on building a green, low-carbon and circular economic system, establishing a green taxation system, promoting resource conservation and recycling, planning and constructing a new type of energy system, and actively and prudently moving towards reaching peak carbon emissions and carbon neutrality, which makes it clear to coordinate the advancement of the new energy security strategy with the "dual-carbon" goals to achieve green and low-carbon development. This requires further advancing the building of the energy market and deepening the market-oriented price reform to develop a more economical and efficient energy market system that can help better discover the prices of energy products and restore the commodity attributes of energy. On the basis of a relatively well-developed energy market system, it is necessary to gradually establish an economical and effective carbon pricing mechanism and formulate administrative measures, fully leverage the decisive role of market in resource allocation while ensuring that the government plays a better role in cases where market fails, and gradually improve the green and low-carbon development mechanisms.

In the future, in order to further deepen the energy system and mechanism reform comprehensively, it is necessary not only to adhere to systemic thinking and comprehensive planning, but also to focus on priorities and resolve the major conflicts. In terms of adhering to systematic thinking, the focus will be placed on strengthening the coordination of reforms across various energy sectors and with reforms in the related fields. It is essential to collaboratively advance the market construction and the market-oriented pricing reform of coal, oil, natural gas, electricity and other energy varieties, and to further remove real barriers embedded in price transmission, complementarity, mutual aid, and inter-regional allocation and transport, etc. At the same time, the energy sector needs to enhance synergy with the institutional mechanism reform in resources, environment and other sectors, focusing on strengthening synergy with the system of "the red line for protection of farmland and permanent basic cropland, the red line for ecological conservation, and the boundary line for urban development", the "action for continuous improvement of air quality", the system of carbon pricing and "dual carbon control" of the "dual carbon" initiative, and other systems. **In terms of resolving the major conflicts, firstly, the energy market system needs to be improved and perfected.** The focus will be put on addressing issues such as imperfect electricity market system, incomplete function, non-unified trading rules, and barriers to inter-provincial and inter-regional transactions, so as to promote mutual sharing and optimal allocation of electricity resources over a broader area. A unified national electricity market system will be established and the mechanism for organic coordination of medium- and long-term transactions, spot transactions and auxiliary service transactions will be refined. To adapt to the demand for large-scale connection of new energy to the grid, it is necessary to further refine the basic rules for the electricity ancillary services market and the green certificate and green power trading mechanism to promote green electricity consumption. The timeline and roadmap for various new energy projects to participate in the market will be defined to push the steady and orderly entry of new energy generation into the market. Price reforms in key areas and links such as electricity and natural gas will continue to deepen, which include optimization of transmission and distribution prices, flexible resource pricing and market-oriented terminal gate price reform of natural gas. **Secondly, the scientific management and service level of the energy sector will be enhanced, and the relevant work will be advanced in synergy with multiple aspects such as planning, regulation and service.** The guiding role of planning will be strengthened to meet the new requirements of building a new energy system and the strategic planning system of energy will be improved. Oversight of the market will be refined and special supervision targeting prominent issues in the energy field will be carried out to establish new types of energy supervision methods and a collaborative supervision mechanism that will facilitate multi-energy synergy and mutual aid. Efforts will be made to enhance public services, focusing on statistics, metering, monitoring, early warning, security assurance, universal services etc., and the business environment in the energy sector will be further optimized to enhance the innovation vitality of various business entities. **Thirdly, the rule of law in the energy sector will be promoted in accordance with the law.** This involves strengthening governance by law, intensifying studies on major energy issues, and clarifying and standardizing them in laws and regulations, and actively promoting the elevation of important institutions that are basically mature and are effective in the long term to laws and regulations. The *Energy Law* will be promulgated as soon as possible, revision of the *Electricity Law* and the *Renewable Energy Law* will be expedited, and other laws in the field of energy will be revised at an opportune time, so as to accelerate the improvement of the laws and regulations system of the energy sector. The construction of the energy standards system will be strengthened. The study and formulation of standards and norms in frontier energy fields will be promoted timely and the relevant standards and technical specifications guiding the clean and low-carbon development of energy will be improved.

ii. Market-oriented Coal Reform Further Deepened and Modern Governance System for Coal Basically Perfected

In response to the requirement of building a high-level socialist market economic system, it will be necessary to continue to deepen the market-oriented coal reform, so that the role of coal as the bottom-line guarantee of energy security will become more solid to effectively support the construction of a new energy system. The basic institutions and rules of the coal market will be unified; the coal spot market will be improved; the futures market will be developed in an orderly manner; high-quality coal trading platforms will be constructed; a unified domestic coal market will be established in an all-around way. A unified coal price index system and the price control mechanism are being perfected to ensure the stable operation of the coal market. A sound government management and supervision mechanism is being established, and the supply-side structural reform in the coal sector is being deepened to promote better integration of proactive government and effective market and to create a fairer and more dynamic market environment. Revision of the *Coal Law* will be expedited, and so will the formulation and revision of supporting laws, regulations, departmental rules and industry standards to provide legal guarantee for the safe, intelligent and green development of the coal sector and for the clean and efficient utilization of coal.

A high-standard coal market system will be established. Firstly, the basic institutional rules will be unified. Continuous efforts will be made to promote unification of the basic institutional rules of the market such as the fair competition system and entry and exit mechanism to further regulate the order of the coal market and safeguard the legitimate rights and interests of upstream and downstream enterprises in the coal market. This includes establishing a unified fair competition system. Adhering to the principle that all types of market entities enjoy equal status and are treated equally, China will remove legal obstacles and implicit barriers that impair fair competition and joint development among enterprises of all types of ownership and further perfect the institutional framework and policy implementation mechanism for fair competition. The reform of the "bidding, auctioning and listing" system for the development of coal resource will be deepened to promote the full implementation of bidding, auctioning, listing and other competitive means for the transfer of coal mining rights. High-standard sharing of coal market information will be promoted to realize free circulation of coal products, build an integrated market and ensure its efficient operation. Besides, a unified entry and exit mechanism will be established. The entry and exit mechanism for coal trading entities will be standardized to guide various types of entities to participate in coal resource development in a standardized and fair manner. The orderly and timely exit of coal mines that are exhausted in resources, as well as those with outdated technology and equipment, low production efficiency, inadequate safety measures, and significant environmental damage will be accelerated. Furthermore, the unified industry credit system will be improved. The industry integrity construction will be strengthened, and the long-term mechanism for integrity construction in the coal industry will be further perfected to strengthen credit supervision in the coal industry. The order of the coal market will be regulated, and credit registration and evaluation of enterprises' basic information, operating capacity, credit records etc. will be carried out according to laws and regulations. Secondly, the futures market will be developed in an orderly manner. High-quality futures products and services will be provided, and in accordance with the development goal of "fully covering the derivatives of futures, options and swaps, and achieving connectivity between futures and spot markets, between domestic and international markets", new coal-related futures varieties will be added on the basis of three futures products of thermal coal, coking coal and coke. Commodity futures will be expanded, and financial futures such as coal price index and coal-related shipping index will be introduced. Both supply and demand enterprises will be encouraged to actively try participating in futures trading based on their own development, and to use futures trading tools to reduce operational risks.

Large coal supply and demand enterprises will be encouraged to enter into transactions, and leveraging the price discovery mechanism and information transmission mechanism of the futures market, the coal enterprises will effectively enhance their ability to use financial instruments to serve business operations. Thirdly, the coal spot market will be perfected. The pricing mechanism of "base price plus floating price" for coal will be further improved to effectively control market price fluctuations, and taking into account the interests of both supply and demand sides, China will stabilize production, market and prices, and improve the mutually beneficial and win-win development pattern for upstream and downstream industries in the coal sector. The uniformity of long-term agreement contracts will be standardized. Personnel from organizations in the related upstream and downstream industries in the coal sector will be commissioned to formulate uniform standardized contracts that have legal constraints and are recognized by all parties "by industry and by type of coal". The contracts will be publicly promulgated by relevant government departments to encourage and guide newly commissioned coal mines to sign a higher proportion of medium- and long-term contracts. Performance of long-term agreement contracts will be improved and a sound performance examination and evaluation system for long-term agreement contracts will be established to effectively strengthen integrity supervision. Comparative analysis of the spot market and the futures market, market monitoring and early warning will be strengthened to provide a basis for the study of policies and measures for stabilizing coal market prices and coal market supply. Fourthly, various trading platforms will be connected. A unified system for coal trading processes, trading rules, information confidentiality, credit evaluation etc. will be established, and normative institutional standards for coal trading institutions will be formed. A connectivity mechanism for trading platforms will be built, and relevant enterprises are encouraged to actively participate in building high-quality coal trading platforms. Efforts will be made to promote the intelligent upgrading of various trading platforms, strengthen the technical support capabilities, deepen data mining and analysis, promote automated information collection, push for data sharing among different platforms, and build a connectivity mechanism where the traders and transaction results are recognized across the platforms and that facilitates connectivity and interoperability of diverse platforms. Unified online trading of coal business entities nationwide will be promoted. Utilizing the Internet of Things, cloud computing, blockchain and other new generation of information means, and leveraging the leading role of platform economy, China will promote the unified conduct of full-process transactions of the whole varieties on trading platforms, which cover contract signing, logistics coordination, fund settlement etc., so as to realize the transition from traditional mode of coordinating production, transportation and demand to a digital and intelligent trading mode. Fifthly, the coal data elements market will be perfected. Tapping into the functions of coal data elements and relying on the data aggregation advantage of online coal trading, China will cultivate and expand the industrial ecosystem of coal trading data services, enhance data mining, analysis and processing capabilities, enrich data products, gradually establish a circulation and utilization system for data rights confirmation, usage, trading, security, sharing, etc., along with the relevant foundational institutions, and build a scenario for government, enterprises and the society to develop and use data in accordance with regulations. Works on coal data statistics will be strengthened, which involves optimizing the economic indicator system of coal and improving the coal data collection, analysis and publication system. A system for privacy protection and safe use of data in the field of coal will be developed, and the protection of government data, corporate trade secrets and other data will be strengthened.

The market-oriented coal price reform will be deepened. Firstly, a unified coal price index system will be established. A pricing mechanism that can effectively reflect the value of coal will be constructed, and a scientific and reasonable coal cost recognition and amortization system will be developed to make cost accounting more standardized, reasonable and complete. At the same time, through the design of the tax and fee system, the overall burden level of coal taxes and fees will be determined reasonably. Considering factors such as origin, transportation, finance, substitutability and international energy prices, China will establish a comprehensive and systematic coal price index system that fully reflects coal resources costs, production costs and environmental costs, so as to form a coal trading market operation mechanism that allows prices to be formed by the market and to regulate the market. Secondly, the price transmission mechanism of coal and electricity will be improved. The price of coal and electricity will be guided to be formed mainly through medium- and long-term transactions, and the ability of the coal market to regulate supply and demand will be enhanced. The coal production, supply, storage and sales system will be further improved to ensure reasonable and ample coal production capacity, and the medium- and long-term contract system for coal will be perfected. When the price of medium- and long-term coal transactions operates within a reasonable range, coal-fired power generation enterprises can fully transmit fuel cost changes in a market-oriented manner under the current mechanism and set reasonable provisions on linking the feed-in tariff with the medium- and long-term trading price of coal in the medium- and long-term trading contracts of electricity so as to effectively achieve transmission of the price of coal and electricity. Thirdly, the coal price control mechanism will be improved. In accordance with the requirements of the *Circular on Further Improving the Price Formation Mechanism in the Coal Market*, the coal prices, feed-in tariff and end-user tariff will be linked through market-oriented approaches to operate within a reasonable range, and the commodity attributes of coal resources will be restored to support the construction of a unified coal market. The management of coal market price expectations will be strengthened. The coal production and distribution cost survey system and the market price monitoring system will be improved to provide support for regulating coal prices, and assessing and improving the reasonable price range of coal. Information of coal market and price will be released timely, and the assessment and compliance review of coal price index behaviors will be strengthened. The government's dispatchable coal reserve capacity will be further enhanced and the reserve adjustment mechanism will be perfected, while coal will be purchased, reserved and placed on the market at the right time, so as to promote coal prices operating within a reasonable range.

A sound government management and regulatory mechanism will be established. Firstly, the development of coal planning system and formulation of management measures will be accelerated. In response to the new requirements such as the construction of a new energy system and the green transition of energy, the coal planning system will be continuously improved, covering aspects like coal resource exploration, development layout, clean utilization, and scientific and technological innovation. The study and formulation of the *Coal Planning Implementation Measures* will be accelerated, and a planning management system will be established. The implementation subject, implementation procedures, approval procedures, implementation effectiveness, supervision and inspection, and legal responsibilities associated with planning compilation will be perfected. The planning implementation management will be strengthened. With the construction of a closed-loop management mechanism for planning implementation and oversight of the planning implementation process, effective implementation of major planned projects will be ensured. At the same time, the interaction and coordination of various departments will be further strengthened to promote the integration of multiple plannings. A comprehensive evaluation of planning implementation will be conducted, and experiences and the lessons learned will be summarized to form comprehensive evaluation results of planning implementation. Rolling adjustment of the planning will be carried out in due course; economic, social, industry and industrial development trends will be closely tracked; the environmental analysis, planning indicators, tasks and initiatives, and safeguard measures will be deepened and adjusted on the basis of the comprehensive evaluation results of planning implementation. Secondly, intensified efforts will be made to promote the implementation of intelligent and green development mechanisms in coal mines. The structural reform on the coal supply side will be deepened and the management mechanisms in the coal sector will be innovated.

The *Guiding Opinions on Further Promoting the Construction of Intelligent Coal Mines to Promote Safe Development of Mines* will be actively implemented; organizational coordination will be strengthened and policy support will be increased to explore practical and effective construction modes; multiple measures will be taken to create favorable conditions to steadily advance the intelligent mine construction. The requirements of the *Circular on Further Accelerating the Construction of Intelligent Coal Mines to Promote High-Quality Development of the Coal Industry* will be implemented to further leverage the role of the coordination mechanism for the intelligent development of coal mines, strengthen the top-level design, policy support, guidance and coordination, and promptly study and resolve major issues in advancing the work. The *Circular on Further Strengthening the Construction of Green Mines* will be effectively implemented to improve the working mechanism, strengthen supervision and assessment, and form a joint effort to comprehensively promote the construction of green coal mines. Thirdly, the effectiveness of coal market regulation will be further enhanced. Regulation of the coal market will be intensified, and supervision and examination will be strengthened to ensure high-quality development of the coal industry. The first aspect is to improve unified market regulation rules. Legislative work on the supervision of coal market will be strengthened; the supervision procedures will be perfected; supervision over the coal market will be more standardized and normative; the supervision standards and rules will be disclosed in accordance with the law. Giving full play to the role of industry associations, an effective communication mechanism between the government and enterprises will be established, forming a new model of multi-dimensional governance composed of government regulation, industry self-discipline and social supervision. The second aspect is to enhance regulatory and law enforcement capabilities. This involves establishing a coordinated working mechanism that comprehensive regulatory departments interact and coordinate with industry regulatory departments, coordinating enforcement resources, unifying enforcement standards and further regulating unfair competition and market intervention.

Oversight of the coal trading market will be strengthened. With adherence to the principle of openness and transparency, supervision over the entire process of coal trading will be implemented. Giving full play to the supervisory role of market entities, industry associations, the public and news media, supervision over online transactions of business entities will be strengthened. The third aspect is to strengthen the regulation of the coal and electricity market. Supervision of the performance of medium- and long-term contracts for coal and electricity will be strengthened, with the focus placed on strengthening contract performance supervision. Price regulation will be intensified, and speculative capital movements will be closely monitored, and the coordinated supervision of futures and spot markets will be strengthened to resolutely curb excessive speculation and malicious speculation by capital. Anti-monopoly supervision, and market price supervision and examination will be strengthened, and all kinds of price violations will be strictly investigated and dealt with according to law.

The system of laws and regulations for the coal industry will be perfected. Firstly, the revision of the *Coal Law of the People's Republic of China* will be completed as soon as possible. The revision of the *Coal Law* has been underway for several years and has been included in the legislative planning of the National People's Congress. To adapt to the new circumstances and new requirements of coal reform and development, it is necessary to strengthen the status of the *Coal Law* as the fundamental law in the coal industry, adjust the fundamental rights and duties relationships arising from the sustainable development and clean and efficient utilization of resources, eliminate the drawbacks of using administrative measures to regulate various legal relationships in the coal sector, and address the regular, fundamental and universal problems to ensure high-quality development of the coal industry. The focus will be placed on revising and perfecting laws and regulations concerning consolidation of the achievements of supply-side structural reform, improvement of the institutional construction of the coal market system, coordinated construction of the coal production, supply, storage and sale system, reinforcement of the leading role of planning and standards in the industry, comprehensive utilization of coal, and ecological protection, as well as on optimizing the industry structure of coal, perfecting the price mechanism, advancing product quality and safety standardization, and establishing a legal system for ecological restoration in mining areas. Secondly, the formulation and revision of relevant laws and regulations will continue to be promoted. Studies and formulation of laws and regulations that help promote green and low-carbon development in the coal sector will be accelerated to promote the green and low-carbon development of coal, reduce energy consumption in coal production, processing, transportation, utilization, and conversion processes, control and reduce pollutant and greenhouse gas emissions, vigorously promote the circular development of the coal industry, and advance the clean and efficient use of coal. The review and implementation of the *Energy Law* will be pushed forward, improvement of plannings for coal and other energy sources will be advanced, as well as improvement of system designs for coal development, market system construction and technological innovation. In response to the needs of economic and social development and the reform in the coal sector, continuous improvements will be made to important provisions related to coal in laws such as the *Mineral Resources Law*, *Workplace Safety Law*, *Environmental Protection Law*, and *Mine Safety Law*. Top-level design for coal mine closures and exits will be strengthened; the formulation of the *Regulation on Coal Mine Closure and Exit* will be accelerated; the establishment of a market-oriented mechanism for coal mine closure and exit, which is guided by the state, supported by local governments, and with coal enterprises bearing primary responsibility, will be explored; contents relating to asset disposal, personnel resettlement, debt handling, resource payment refunds, and environmental restoration and governance will be refined. Thirdly, the policy and standards system in the coal sector will be improved. Efforts will be made to revise departmental regulations and industry standards related to coal mine safety, green storage and transportation, and clean utilization to ensure safe, intelligent and green development, as well as clean and efficient use of coal. Amendment of the *Coal Mine Safety Regulation* will be expedited to effectively link with the *Mining Safety Law* and the *Regulation on Coal Mine Production Safety*. The technical standards framework for coal mine safety composed of "*Coal Mine Safety Regulation*, *Detailed Rules for the Prevention and Control of Coal and Gas Outbursts*, *Detailed Rules for Water Control in Coal Mines*, *Detailed Rules for the Prevention and Control of Pressure Bumping in Coal Mines*, and *Detailed Rules for the Prevention and Control of Rock Burst in Coal Mines*" will be improved. Rules for the prevention and control of coal and gas outbursts will continue to be strengthened and perfected to address the major problems that have long plagued coal mine safety through mandatory management measures, thereby providing a safeguard for further preventing and curbing accidents in coal mine production. Study and formulation of the *Management Measures for Coal Mine Construction Project* are underway, and introduction of new policies will be sped up to regulate the entire process of coal mine construction by integrating documents such as the *Regulation on Coal Engineering Construction Supervision* and the *Management Measures for Quality Inspection of Coal Construction Project*. The *Interim Measures for National Coal Emergency Reserve Management* will be revised, and in line with the new requirements like the coal production capacity reserve system, the national coal emergency reserve management system will be further standardized, so as to enhance ability to secure coal supply in emergency situations. Studies will be conducted to formulate the *Management Measures for Comprehensive Utilization of Coal Mine Resources*, and the management system for comprehensive utilization of coal will be established, which cover the guideline, scope, classification, standards, project management, policies and measures, and supervision and examination. Construction of a new standard system for the coal industry will be strengthened, which involves deepening the industry standardization reform, strategically laying out coal industry standards, promoting the establishment of group standards and enterprise standards in the coal sector, enhancing the internationalization of coal standards, as well as improving the quality and implementation effect of the standards to give full play to the supporting role of standards in promoting industry transformation and scientific and technological innovation, thereby fostering high-quality development of the coal industry.

iii. Progress in Oil and Gas Governance System Construction Becoming Evident and Oil and Gas System and Mechanism Reform Generally Completed

Looking ahead in the future, facing the overall requirement of basically realizing a modern socialist country by 2035, and in order to provide guidelines for accelerating the planning and construction of a new energy system, China will steadily advance the construction of national petroleum and natural gas spot and futures trading platforms, and build a diversified market pattern for oil and gas in an all-around way. It will fully liberalize prices of the competitive segments in the oil and gas sector, primarily limit government-set prices to natural monopoly segments of pipeline networks, continuously reduce government intervention in pricing, further strengthen cost supervision and price regulation, and establish a price formation mechanism that reflects market relationship between supply and demand, resource scarcity and negative externality. Adhering to scientific and rational planning, China will strengthen integrated management in the oil and gas sector, deepen the reform of "streamlining administration and delegating power, improving regulation, and upgrading services", and improve the institutional mechanism for oil and gas management and regulation. Laws and regulations in the oil and gas sector will continue to be formulated and revised, and related standards and technical specifications will be studied and developed moderately ahead of time to perfect the legal and standard system.

An oil and gas market pattern of "X + 1 + X" will be fully established. Firstly, the oil and gas market structure will continue to be optimized. Adhering to the principle of establishing before breaking, China will further deepen the market-oriented resource allocation reform of oil and gas, digital resources, land resources, underground space resources and other factors, continuously improve the market system, and accelerate the construction of a unified national market. Efforts will be made to accelerate perfection of the exploration and development system, which will be dominated by large state-owned oil and gas companies and involve various economic components, open up the oil and gas exploration and mining market, and attract social capital into exploration and development to rapidly form a competitive market in the upstream of the oil and gas sector. With the goal of improving pipeline operation efficiency, efforts will be made to establish a comprehensive pipeline capacity trading market, advance the construction of a secondary market for pipeline capacity trading, and refine the market-oriented mechanism for pipeline capacity allocation such as bidding and trading, and balanced management. Construction of the production, supply, storage, and sales system will continue to be promoted, which involves strengthening the construction of the petroleum and natural gas market, continuously improving its own market system, establishing and perfecting market rules and standards, stimulating the innovative vitality of the micro-entities of the market, promoting international cooperation in oil and gas trades, enhancing supply security capabilities, and strengthening the resilience of the industrial and supply chains to promote the petroleum and natural gas industry to play a greater role in building a new energy system. Secondly, the guiding role of infrastructure in nurturing and perfecting the petroleum and natural gas market will be leveraged. With adherence to the coordinated planning of "one unified network for the whole country" and with the adoption of a moderately proactive approach, the operational mechanism for the midstream segment will continue to improve, and innovations in management, services and business models will be strengthened to promote the healthy and sustainable development of the oil and gas market system. Breaking administrative and regional monopolies, China will accelerate the construction of the production, supply, storage, and sales system of petroleum and natural gas across the country, and continue to push forward the connectivity of oil and gas pipeline facilities and their high-quality opening to all types of market entities. Implementation of the national pipeline shipper system will be deepened; the design of rules concerning entry qualifications, dispatching operations and market supervision will continue to improve; provincial pipeline shipper system will be explored according to local conditions. Steps will be taken to coordinate pipeline capacity allocation, pipeline balancing and pipeline transmission cost, strengthen standardization of capacity product design, and continuously innovate the traded pipeline capacity products to meet the capacity trading needs of different time spans, different regional hubs, and different ways of using gas, thereby providing high-quality pipeline gas transmission services and gas storage services. Thirdly, the role of oil and gas trading centers in building the market trading system will be effectively utilized. The varieties of oil and gas traded will be further enriched and the trading scale will be expanded; China's advantage in owning a super-large-scale market will be fully leveraged to build core competitiveness of oil and gas trading centers; construction of the key functions of trading centers will be actively promoted; the trading system will be continuously improved to build a high-standard market trading system with orderly competition. Giving full play to the core role of the domestic oil and gas trading centers, the regional oil and gas spot trading centers and the crude oil futures markets in market-oriented resource allocation and price discovery, China will take the initiative to adapt to market demands and strive to build a China-based, world-oriented oil and natural gas trading center. The developments in the petroleum industry and the petroleum bulk commodity market will be constantly monitored to promptly respond to market demands and innovative products and services that meet customers' needs will be provided. The development direction of basing on petroleum bulk commodity spots and targeting at serving the real economy will be defined. A good market order will be established and the flow of funds into the real economy will be facilitated to jointly promote the efficient operation and sustainable development of the petroleum market.

There will be established an oil and gas pricing mechanism where the central government or the regulatory body maintains strict control over the

prices in the midstream segment (such as pipeline transportation) , while allowing market to determine the prices in the upstream (exploration and production) and downstream (refining and distribution) segments. Firstly, the market-oriented pricing system for petroleum will be improved. The petroleum pricing mechanism will be further refined to gradually realize that the petroleum price is completely determined by the market. On the basis of balancing the relationship between crude oil imports and refined oil imports, and that between wholesale and all the links of retail, and on the basis of gradually perfecting the petroleum circulation system and government management policies, the prices of refined oil products will be fully liberalized after the market competition is relatively sufficient, which means that government-guided prices will be eliminated. The government will no longer announce the retail and wholesale prices of gasoline and diesel, allowing enterprises to independently set prices based on the international and domestic markets. After liberalizing the prices of refined oil products, the government will no longer directly intervene in domestic oil prices but will focus on supervising the behaviors of market entities to maintain a fair and competitive environment, and to protect the interests of consumers. Secondly, the natural gas pricing mechanism will be continuously improved. Focusing on straightening out the relationship between upstream, midstream and downstream segments, efforts will be made to vigorously promote the full liberalization of prices both in the gas source segment and in the terminal segment, and to facilitate the free flow and market-based transactions of natural gas. The role of market mechanism will be better leveraged to optimize resource allocation efficiency and maximize benefits. In the near and medium term, the perfection of the natural gas terminal gate price formation and dynamic adjustment mechanism will be accelerated, and a sound price linkage mechanism for the upstream and downstream segments of natural gas will be established. The complete transition from volume-based metering and pricing to energy-based metering and pricing for natural gas will continue to advance to establish a natural gas energy metering and pricing system. LNG and other natural gas futures will be timely introduced and a pricing system that truly reflects supply and demand relationships will be formed. An influential natural gas benchmark price formation mechanism for the Asia-Pacific region will be established to elevate China's status in the international natural gas market. Strong soft power and hard power will be built to ensure national energy security under opening conditions. Thirdly, a scientific and reasonable pricing mechanism for the intermediate segment will be established. Continuous efforts will be made to strengthen supervision and auditing of pipeline transmission costs, to push forward pipeline transmission price reform, and to explore and advance the implementation of a two-part price to construct a new oil and gas pipeline transmission pricing mechanism in line with the characteristics of the Chinese market. In the near and medium term, the pipeline transmission reform of "one price for one area" will continue to deepen, and the pricing parameters will be dynamically adjusted according to the development of the oil and natural gas industry and the needs of pipeline network reform to form oil and natural gas pipeline transmission prices and to promote free resource flow and upstream and downstream market competition. In the long term, the price discovery function of the capacity market will be fully utilized to gradually form a pipeline transmission pricing mechanism centered on capacity prices, so as to better adapt to the development of the domestic oil and gas market.

The government will become more proactive and the regulatory system will become more effective. Firstly, reforms in administrative governance will continue to advance. To fully leverage the role of planning in guiding and safeguarding the development of the oil and gas industry, medium- and long-term development plans will be scientifically formulated, and integration of these plans will be enhanced to meticulously coordinate the upstream, midstream and downstream segment of the oil and gas sector. With the comprehensive use of plannings, policies and other means, it is aimed to ensure that the development goals and key tasks of the oil and gas industry will be effectively implemented, realizing coordinated development across the entire industry chain in the oil and gas sector. The year 2024 is not only a pivotal year prior to the conclusion of the 14th Five-Year Plan but also a year for making plannings for the 15th Five-Year Plan period and for 2035. It is necessary to adhere to systems thinking, focus on the long term while balancing and coordinating various aspects, solidly advance the formulation of the 15th Five-Year Plan, and scientifically set goals and pathways for oil and gas development to build a comprehensive oil and gas guarantee system that is safe, stable and coordinated. Secondly, the reform of "streamlining administration and delegating power, improving regulation, and upgrading services" in the oil and gas sector will be deepened. With the aim of promoting high-quality development of the oil and gas industry, functions of the government will continue to change, and more efficient and rational industry management rules will be established to strengthen macro-control over the oil and gas market and to develop an efficient oil and gas management system. Continuous efforts will be made to refine administrative approval processes, standardize management, optimize approval procedures, and improve the business environment. With the focus placed on addressing difficulties and blocking points in market-oriented reforms related to oil and gas exploration and development, storage capacity building, and oil and gas trading, vitality of the market entities will be fully ignited, thereby creating a first-class business environment and continuously liberating and developing productive forces. The public will be fully mobilized to actively participate; various measures will be taken to expand the sources of the blocks; the project database of oil and gas blocks will be enriched; more oil and gas blocks will be put on the market. Planning for the transfer of oil and gas blocks will be published to solicit the opinions of the public, and the transfer plan will be optimized based on the willingness to bid for the blocks. The competitive transfer mechanism for oil and gas blocks will be further perfected, and the block exit mechanism that aligns with the law of oil and gas exploration and development will be improved. Thirdly, the establishment of a comprehensive oil and gas regulatory system will be accelerated. A comprehensive regulatory framework for the oil and gas sector will be built in an all-round way with the focus placed on key areas such as industry safety, green transformation, market monopoly and credit construction, and efforts will be concentrated on reforming supervision approaches and strengthening the application of supervision results to continuously enhance the precision and effectiveness of regulation. Supervision over exploration and mining activities will be enhanced to align with the national-level management of oil and gas mining rights, and the regulatory system will be improved. The public disclosure of exploration and exploitation information of mining rights holders will be enhanced to strengthen social supervision. Supervision over resource utilization efficiency, public safety and environmental protection will be intensified to safeguard public interests and the legitimate rights of mining rights holders. Public service platforms of oil and gas information and information-sharing platforms for geological data of oil and gas will be set up to provide specialized services for businesses and the society. Further steps will be taken to reform regulatory approaches to shift government management more towards making strategies, plans, policies and market rules, so as to create a fair and just environment, and to reduce direct intervention in markets and enterprises. Regulatory bodies will primarily fulfill the obligations of approval, monitoring, supervision, evaluation and penalty imposition, with the focus placed more on resource utilization, environmental protection, workplace safety, product quality and other links.

The legal and regulatory system for the oil and gas industry will be perfected. Firstly, revision of the laws covering the entire industry chain of the oil and gas sector will continue to be promoted. Revisions to laws related to oil and gas exploration and development, pipeline transportation, refining and processing, and retail sales will be expedited to provide institutional guarantee for the high-quality development of the oil and gas industry in the new era. Efforts will be made to complete in the near future the revision of the *Mineral Resource Law*, the review of the *Energy Law*, and the revision of the *Petroleum and Natural Gas Pipeline Protection Law* to further improve oil and gas exploration and development, pipeline protection management and the oil and gas sales market system. The legal provisions on pipeline planning and construction, protection etc. will be clarified, and the relevant standards, specifications and technical requirements will be unified. The systems for emergency response planning, information coordination, emergency management and law enforcement supervision will be improved, and the legal responsibilities will be clarified to effectively protect oil and natural gas pipelines and to ensure the safe transportation of oil and natural gas. Secondly, development of a supporting legal and regulatory system in the oil and gas sector will be accelerated. Revision of regulations in areas such as oil and gas exploration and development, foreign cooperation, franchising operations, oil and gas reserves, safety and environmental protection will be sped up to further improve the regulatory system and to meet the development needs of the oil and gas industry under new situations and new requirements. The revision of regulations like the *Regulations on the Exploitation of On-shore Petroleum Resources in Cooperation with Foreign Enterprises* and the *Regulations on the Exploitation of Off-shore Petroleum Resources in Cooperation with Foreign Enterprises* will be accelerated to adapt to the current situation where various entities have entered the oil and gas exploration and extraction market. The implementation rules for the *Urban Gas Regulations* in various regions will be further refined to develop a comprehensive gas regulation system with unified standards and clear supervision. Revising of the *Petroleum Reserve Regulations* will be expedited to establish mechanisms for national petroleum reserve planning, construction, operation, maintenance and guarantee. Thirdly, a standard and technical specification system for petroleum and natural gas will be developed and improved. China will fully implement the new development philosophy and keep committed to leading the high-quality development of the oil and gas industry with high-quality technical standards and specifications, focusing on promoting high-level opening up of domestic oil and gas standards to the outside world. Studies on standard systems for carbon capture, utilization and storage (CCS/CCUS), CO_2-enhanced oil (gas) recovery and other technology specifications will be strengthened, with the focus placed on supporting the approval of studies on standards related to carbon peaking and carbon neutrality in the petroleum and natural gas sector. The formulation and revision of key standards will be accelerated. Formulation and revision of industry standards in areas such as natural gas energy metering, unconventional oil and gas, oil and gas field development plus new energy, offshore oil and gas extraction, and oil and gas drilling equipment will be strengthened with the focus put on standard upgrades, and the internationalization of Chinese oil and gas standards will be advanced by leveraging the advantage in application scenarios.

iv. Electricity System and Mechanism Reform Advancing in Depth and New Electricity System Construction Accelerating

In July 2023, the second meeting of the Central Comprehensive Deepening Reform Committee adopted the *Guiding Opinions on Deepening Electricity System Reform and Accelerating the Construction of a New Electricity System* (hereinafter referred to as *the* "*Guiding Opinions*"), which emphasized the need to deepen electricity system reform and to accelerate the building of a new electricity system that is clean, low-carbon, secure, providing abundant supply, economical, efficient, well-coordinated between supply and demand, flexible and intelligent. Looking ahead to the future, building a new electricity system is a complex system engineering that requires leveraging the decisive role of the market in resource allocation, breaking down inter-provincial barriers and establishing a unified national electricity market system. It also necessitates further improvement of the price formation mechanism for the electricity market and orderly promotion of adjustments and improvements of the electricity price system to make power prices stable and controllable. It is essential to combine an effective market with proactive government, using the "visible hand" of government management to support and promote the better functioning of the "invisible hand" of the market. This includes strengthening the overall coordination and management of all links and multiple factors of the power system, enhancing supervision and law enforcement, expanding the scope of regulation, and innovating the mechanisms in an orderly manner. Additionally, it involves breaking through the blocking points of traditional policies and mechanisms, and continuously improving the existing rule of law system for the electricity sector.

The interaction and coordination of all factors will be strengthened to advance the construction of a unified national electricity market system. Firstly, diverse entities will be supported to fairly participate in the electricity market. The market mechanism will be further improved to adapt to the new electricity system and the threshold for market access will be lowered. Active efforts will be made to promote all types of resources to actively participate in the market and to play a regulatory role, and the flexible regulation capabilities of coal-fired units, large hydropower, demand response resources and new entities will be gradually enhanced. The price signal will be used to guide the flexibility renovation of the inventory thermal power units, and the building of technical capacity of deep regulation for newly-built units will be strengthened. The market-based volume and price formation mechanism for renewable energy will be improved, and non-discriminatory participation of renewable energy in the market with fair competition will be promoted, which will as well be promoted to actively assume the responsibility for balancing supply and demand of electricity. In order to give full play to the role of the leading hydroelectric power stations, the joint dispatching of cascade hydropower stations in the river basin and the market trading mechanism will be optimized. The market-oriented long-term mechanism for demand-side response resources will be improved, and the incentive role of price signals will be leveraged to promote the active participation of demand-side resources in system regulation. The scale of electrochemical energy storage facilities will be expanded in an orderly manner and participation of energy storage in the market will be advanced, which will as well be incentivized to provide auxiliary services such as frequency regulation, standby and ramping. A mechanism for the participation of distributed energy in the market will be established, and the development and utilization of distributed energy in close proximity to where they are needed will be promoted. Secondly, the coordination of multiple trading cycles and multiple trading varieties will be continuously advanced. Continuous efforts will be made to improve the construction of medium- and long-term market, spot market, and auxiliary service market for electricity, to further refine the capacity mechanism and green electricity trading mode, and to fully manifest the diverse values in the electricity market. The medium- and long-term transaction mechanism with time-of-use electricity price curves will be perfected and the rules for contract signing, performance and adjustment will be standardized. Transaction cycles will be shortened while transaction frequency will be increased, and the variety of trading products will be enriched to support continuous market operation for medium- and long-term transactions. More eligible provinces with spot pilot project will be encouraged to transition from trial operation to normal uninterrupted operation, gradually achieving full coverage of the spot market. Steps will be taken to further improve market rules, strengthen technical system construction, enhance business capabilities, and create a fair and just market environment to motivate the spot market to better discover real-time electricity prices and to accurately reflect the relationship between electricity supply and demand. Coverage of capacity price will be expanded through market means, and the capacity price of all resources that play a supporting role will be reasonably set, so as to gradually establish a capacity market. The organizational forms of green electricity trading and green certificate trading will be further enriched and green electricity trading will be gradually promoted to cover all clean energy. Besides, the issuance, transfer, trading and cancellation processes of green certificates will be standardized and the credibility and international recognition of green certificates will be enhanced. Thirdly, a comprehensive multi-level electricity market system will be established. This involves accelerating the construction of provincial (regional, municipal) and regional electricity markets, promoting the development on the distribution side towards marketization in an orderly manner, and further advancing the integration of electricity markets at different levels. Besides, the functional positioning of each level of electricity market will be clarified; unified standards and interfaces for market rules and technical standards will be established; the organic connection and orderly operation of market transactions at all levels will be promoted. The mechanism for inter-provincial and inter-regional auxiliary services will be developed and improved. In accordance with the principle that "beneficiaries share the costs", detailed rules for compensation and apportionment will be clarified to fully utilize and mobilize regulatory and backup resources at both ends of transmission and reception. Full utilization of inter-regional and inter-provincial transmission capacity will be ensured, and inter-provincial barriers will be removed through market mechanisms to form a market pattern where electricity resources are optimally allocated nationwide. In accordance with the national strategy of coordinated regional development, the construction of regional electricity markets will be accelerated with the gradual improvement of the inter-provincial electricity trading mechanism. The function of grid on the distribution side will be clarified; operation and electricity supply on distribution side will be secured; a market-based time-of-use pricing mechanism on the distribution side will be established; the carrying capacity of new energy on the distribution side will be enhanced.

Stable and orderly adjustment of electricity tariffs will be promoted to effectively support energy efficiency improvement and technological progress. Firstly, the market-oriented scientific pricing standards and the electricity price management system will continue to be refined. The pricing system that is primarily market-based will be improved. The establishment of an interacting and coordinating mechanism for electricity prices of both the generation side and consumption side will be accelerated; various business entities will be encouraged to participate in market transactions according to unified pricing principles and valuation standards; transparency of electricity price formation will be enhanced. Classification management of electricity prices will be improved and separate accounting, categorized settlement and facilitation for various settlement items will be promoted, while the reasonable rights and obligations of all parties involved will be clarified. A time-of-use pricing mechanism that can support the development of green energy will be established. The user-side electricity use will be guided and the response role of adjustable resources will be leveraged to support a high proportion growth of green energy. Secondly, an efficient transmission and distribution price regulation system will be established. The supervision over transmission and distribution costs will be strengthened, and the determination and adjustment mechanism for transmission and distribution prices will be improved to make the pricing more systematic, comprehensive and operable. Besides, independent accounting and regulation of transmission and distribution prices will continue to be advanced; the standards for reasonable wheeling cost will be determined; the collection and accounting for asset costs by voltage level and by user category will be improved; policy-related cross-subsidies will be properly handled. In this way, the actual transmission and distribution costs for various users will be scientifically reflected. The incentives and constraints for power grid enterprises will be strengthened. Based on local conditions and the network characteristics, it will be designed an investment constraint mechanism linked to electricity volume growth, load growth and power supply reliability, and an adjustment mechanism that allows permitted rate of return to fluctuate according to the actual utilization rate of grid assets, reliability of power supply and quality of service. In addition, effective investment or the effective part of investment will be defined to fully reflect the utilization rate of grid assets. Ways to determine transmission prices that can reflect capacity value will be explored. The transformation of transmission pricing towards a two-part tariff based on capacity and electricity will be promoted, and reasonable allocation of long-distance transmission costs for electricity transmission across provinces and regions will be promoted. Thirdly, the market-based electricity price formation mechanism will be optimized. Improvement of market-based pricing mechanism for the feed-in tariff on the generation side will be accelerated, and on the basis of full participation of coal-fired units in market pricing, participation of gas-fired, hydro, wind, photovoltaic and other power generation units in the market will be gradually promoted. Tiered pricing of electricity for residential use will be optimized and tiered pricing standards will be reasonably calculated according to regional economic levels and income levels. For electricity users who have installed distributed sources and storage devices and have participated in local transactions, it will be explored to establish a two-part tariff for electricity sales prices, or to guide the resources to be utilized locally through the transmission and distribution prices, so as to reasonably reflect the value of grid reliability and resource utilization rates, and promote the coordinated and sustainable development of distributed sources, storage and the power grid.

The power management and supervision mechanism will be further improved to promote the expansion of regulatory scope and mechanism innovation. Firstly, the reform of "streaming administration and delegating powers, improving regulation, and upgrading services" in the power sector will continue to deepen. Standardized and convenient online power services will be advanced in depth. Both supply-side and demand-side services will be accessible via internet or smart phone apps or with "All-in-One-Go", and the one-stop service for governmental services concerning new energy and other power projects will be enhanced. The mechanism for coordinating various institutions and departments at different levels will be perfected after delegation of powers to ensure organic coordination between energy planning and power planning, and that between power source and grid planning and local authorities of land, ecology, environmental protection etc. The power market entry procedures will be simplified and the "negative list" system will be further improved. The management of power business licenses will be optimized to clarify prohibited and restricted conditions and behaviors for entry, and to encourage more eligible business entities to enter the market, while the exit mechanism will be further improved. Secondly, the establishment of a comprehensive power supervision mechanism will be sped up. The electricity supervision measures will be innovated and supervision efficiency will be enhanced. The formulation of supervision rules and standards in natural monopoly areas will be strengthened to reasonably protect the rights and interests of both power suppliers and consumers, and to ensure fairness, justice and consistency in supervision. It will be clarified that the essence of grid enterprises is to provide public services, and that reporting and information disclosure of competitive business by grid enterprises will be strengthened to promote grid enterprises to focus on their main duties and businesses. Government supervision over pricing will be perfected and the standards for setting price limit for market-based electricity prices will be relaxed. Supervision in areas such as fair access to the grid, electricity market order, electricity supply services, electricity security and electricity purchasing via agencies will be strengthened; a grand supervision framework involving government regulation, industry self-discipline, corporate autonomy and social supervision will be established; the collaborative supervision mechanism between the dispatched agencies of energy authorities and local governments will be perfected to form collaborative supervision. The supervision information will become more open and transparent and the relevant supervision data and information will be promptly disclosed, which will be more detailed and concrete, with supervisory reports regularly released. The supervision feedback mechanism will be improved to promote public participation, so that opinions and complaints from market entities can be received and problems can be responded and solved promptly.

The legal and regulatory system for the power industry will be improved. Firstly, the establishment of laws and regulations related to electricity such as the *Renewable Energy Law* will be accelerated. This includes revising the *Renewable Energy Law*, improving the implementation measures for renewable energy planning, strengthening the support for renewable energy technology innovation, adding corresponding provisions that support the revision and compilation of power grid plannings and the construction of new energy ancillary transmission projects, and supplementing the support measures for renewable energy land use, etc. In addition, revision and perfection of the *Electricity Law* will be further advanced; studies will be carried out to add corresponding provisions that support the dual carbon goals and the vigorous development of renewable energy; the implementation measures for the *Electricity Law* will be expedited to formulate; taking into account the actual situation of the provinces (cities or regions), each province will establish its own supporting regulations on electricity planning and construction that are coordinated and planned, safe and efficient, clean and low-carbon, and moderately ahead of time, as well as supporting regulations on electricity generation and operation, and on electricity supply and use. Secondly, the internal structure of fundamental regulations will be refined to create a systemic synergy. Efforts will be made to speed up the revision of supporting regulations like the *Regulations on the Administration of Electric Power*, *Regulations on the Protection of Electricity Facilities*, and *Regulations on the Administration of Nuclear Power* to further improve the electricity regulatory framework and to establish industry norms that meet the new requirements of the electricity market construction. Provisions on the setup, principles, powers, means and procedures of the electricity regulatory institutions need to be added to the *Regulations on the Administration of Electric Power* to ensure independent exercise of regulatory authority. It needs to be added to the *Regulations on the Protection of Electricity Facilities* provisions on appropriately expanding the scope of protection for electricity facilities to cover new energy generation facilities such as wind and solar power, their auxiliary facilities and metering devices, charging stations, battery swap stations, charging piles and their auxiliary facilities, as well as the protection areas of ultra-high voltage lines. The formulation of the *Regulations on the Administration of Nuclear Power* will be accelerated to specify safety, environmental and economic management requirements for every link of nuclear projects from planning, site selection, investment, construction and operation to decommissioning, thereby regulating the behaviors of nuclear power enterprises. Thirdly, construction of the standard system for the new electricity system will be strengthened. Studies on standards for each link of source, grid, load and storage of the new electricity system will be accelerated to establish a comprehensive standard system for the entire industry chain of the new electricity system. The focus will be placed on developing standards for new energy storage in terms of safety, quality and environmental protection, and on improving the standards for safety design, testing and acceptance, and emergency management in connecting to the grid system. Key standards and specifications for the electricity spot market, such as the *Technical Specifications for Electricity Spot Market Operation*, *Functions and Technologies of Electricity Market Supervision Information System*, and *Direct Trading Supervision Standards between Electricity Users and Generation Enterprises* will be developed to standardize the technical requirements for intermittent new energies like wind and photovoltaic in grid balancing arrangements at different time scales, and to provide guidance for the operation of power spot market and the efficient interaction and coordination between medium- and long-term power trading and power spot trading.

Appendix

i. Policy Documents Related to China's Energy System from 2014 to 2023

Serial Number	Issuing Authority	Release Time	Reference Number	Document Name
1	National Development and Reform Commission, National Energy Administration	April 4, 2024	Regulation [2024] No. 413 issued by NDRC & NEA	*Implementation Opinions on Establishing a Coal Production Capacity Reserve System*
2	National Development and Reform Commission, National Energy Administration	October 12, 2023	Institutional Reform Document [2023] No. 813 issued by NDRC Office	*Circular on Further Accelerating the Construction of Electricity Spot Markets*
3	National Development and Reform Commission, National Energy Administration, Ministry of Industry and Information Technology, Ministry of Ecology and Environment	October 10, 2023	Document No. 1364 [2023] issued by NDRC & NEA	*Guiding Opinions on Promoting Green, Innovative and High-Quality Development of the Refining Industry*
4	6 ministries and commissions including the National Development and Reform Commission, Ministry of Industry and Information Technology, and Ministry of Finance	September 15, 2023	Operation Regulation No. 1283 [2023] issued by NDRC	*Power Demand Side Management Measures (2023)*
5	Ministry of Natural Resources	July 26, 2023	Regulation No. 6 [2023] issued by MNR	*Opinions on Several Issues Concerning Deepening the Reform of Mineral Resource Management*
6	National Development and Reform Commission, Ministry of Finance, National Energy Administration	July 25, 2023	Document No. 1044 [2023] issued by NDRC & NEA	*Circular on Doing a Good Job in Full Coverage of Green Electricity Certificate to Promote Renewable Energy Electricity Consumption*

Continued

Serial Number	Issuing Authority	Release Time	Reference Number	Document Name
7	Central Committee for Deepening Overall Reform	July 11, 2023		*Guiding Opinions on Deepening Electricity System Reform and Accelerating the Construction of a New Electricity System*
8	The Central Committee for Deepening Overall Reform	July 11, 2023		*Implementation Opinions on Further Deepening the Reform of the Oil and Gas Market System to Enhance National Capacity to Ensure Oil and Gas Supply and Security*
9	The Central Committee for Deepening Overall Reform	July 11, 2023		*Opinions on Promoting the Gradual Shift from Dual Control of Energy Consumption to Dual Control of Carbon Emissions*
10	5 ministries and commissions including the National Development and Reform Commission, Ministry of Industry and Information Technology, and Ministry of Ecology and Environment	June 6, 2023	Industry Document No. 723 [2023] issued by NDRC	*Energy Efficiency Benchmark Levels and Baseline Levels for Key Industrial Areas (2023)*
11	Ministry of Finance, Ministry of Natural Resources, and State Administration of Taxation	March 24, 2023	Document No. 10 [2023] issued by MOF	*Measures for the Collection of Mining Rights Transfer Proceeds*
12	National Energy Administration	February 14, 2023	Safety Regulation No. 17 [2023] issued by NEA	*Opinions on Strengthening the Management of Electric Power Reliability*
13	National Development and Reform Commission, National Energy Administration, forwarded by General Office of the State Council	May 30, 2022	Correspondence No. 39 [2022] issued by GOSC	*Implementation Plan for Promoting High-Quality Development of New Energy in the New Era*
14	Ministry of Finance	May 25, 2022	Resource and Environment Document No. 53 [2022] issued by MOF	*Working Guidance for Financial Support for Carbon Dioxide Peaking and Carbon Neutrality*

Continued

Serial Number	Issuing Authority	Release Time	Reference Number	Document Name
15	National Development and Reform Commission	February 24, 2022	Price Document No. 303 〔2022〕 issued by NDRC	*Circular on Further Improving the Price Formation Mechanism in the Coal Market*
16	National Development and Reform Commission, National Energy Administration	January 30, 2022	Document No. 206 〔2022〕 issued by NDRC & NEA	*Opinions on Improving the System, Mechanism, Policies and Measures for Green and Low-Carbon Energy Transition*
17	National Development and Reform Commission, National Energy Administration	January 29, 2022	Document No. 210 〔2022〕 issued by NDRC & NEA	*14th Five-Year Plan for Modern Energy System*
18	National Development and Reform Commission, National Energy Administration	January 18, 2022	System Reform Document No. 118 〔2022〕 issued by NDRC	*Guiding Opinions on Accelerating the Construction of a Unified Electricity Power Market System*
19	the State Council	December 28, 2021	Document No. 33 〔2021〕 issued by the State Council	*Comprehensive Work Plan for Energy Conservation and Emission Reduction During the 14th Five-Year Plan Period*
20	National Energy Administration	December 28, 2021	Safety Document No. 5 〔2019〕 issued by NEA	*Action Plan for Electricity Production Safety during the 14th Five-Year Plan Period*
21	the State Council	October 26, 2021	Document No. 23 〔2021〕 issued by the State Council	*Action Plan for Carbon Dioxide Peaking Before 2030*
22	the Communist Party of China Central Committee and the State Council	October 24, 2021	Document No. 36 〔2021〕 issued by the Central Committee of CPC	*Working Guidance for Carbon Dioxide Peaking and Carbon Neutrality in Full and Faithful Implementation of the New Development Philosophy*
23	9 ministries and commissions including the National Development and Reform Commission, the National Energy Administration, and Ministry of Finance	October 21, 2021	Document No. 1445 〔2021〕 issued by NDRC & NEA	*14th Five-Year Plan for Renewable Energy Development*

Continued

Serial Number	Issuing Authority	Release Time	Reference Number	Document Name
24	the State Council	February 2, 2021	Document No. 4 〔2021〕 issued by the State Council	*Guiding Opinions on Accelerating the Establishment and Improvement of a Green and Low-Carbon Circular Economic System*
25	National Development and Reform Commission, National Energy Administration	June 10, 2020	Regulation No. 889 〔2020〕 issued by NDRC & NEA	*Basic Rules for Medium-and Long-term Electricity Trading*
26	National Development and Reform Commission, National Energy Administration	February 18, 2020	System Reform Document No. 234 〔2020〕 issued by NDRC	*Implementation Opinions on Promoting the Independent and Standardized Operation of Electricity Trading Institutions*
27	National Development and Reform Commission, National Energy Administration, Ministry of Housing and Urban-Rural Development, State Administration for Market Regulation	May 24, 2019	Regulation No. 916 〔2019〕 issued by NDRC & NEA	*Measures for the Administration and Supervision of Fair Access to Oil and Gas Pipeline Network Facilities*
28	National Development and Reform Commission, National Energy Administration	May 10, 2019	Document No. 807 〔2019〕 issued by NDRC and NEA	*Circular on Establishing and Improving the Guarantee Mechanism for Renewable Energy Power Consumption*
29	The Central Committee for Deepening Overall Reform	March 19, 2019		*Implementation Opinions on the Reform of the Oil and Gas Pipeline Network Operation Mechanism*
30	National Energy Administration	January 18, 2019	Legal Reform Document No. 5 〔2019〕 issued by NEA	*Implementation Opinions on Further Promoting Governance by Law in the Energy Industry*
31	the State Council	August 30, 2018	Document No. 31 〔2018〕 issued by the State Council	*Several Opinions on Promoting the Coordinated and Stable Development of Natural Gas*
32	National Development and Reform Commission	May 25, 2018	Price Regulation No. 794 〔2018〕 issued by NDRC	*Circular on Rationalizing the Gate Price of Natural Gas for Residential Use*

Continued

Serial Number	Issuing Authority	Release Time	Reference Number	Document Name
33	National Development and Reform Commission, National Energy Administration	April 26, 2018	Regulation No. 637 〔2018〕 issued by NDRC & NEA	*Opinions on Accelerating the Construction of Gas Storage Facilities and Improving the Market Mechanism for Gas Storage and Peak-Shaving Services*
34	12 ministries and commissions including the National Development and Reform Commission, Ministry of Finance, and Department of Human Resources and Social Security	December 19, 2017	Operation Document No. 118 〔2022〕 issued by NDRC	*Opinions on Further Advancing the Merger, Reorganization, Transformation and Upgrading of Coal Enterprises*
35	National Energy Administration	November 15, 2017	Supervision Document No. 67 〔2017〕 issued by NEA	*Working Plan for Improving the Compensation (Market) Mechanism for Electricity Auxiliary Services*
36	the Communist Party of China Central Committee and the State Council	May 21, 2017		*Several Opinions on Deepening the Reform of Oil and Gas System*
37	National Development and Reform Commission, National Energy Administration	May 19, 2017	Infrastructure Document No. 118 〔2022〕 issued by NDRC	*Medium-and Long-Term Oil and Gas Pipeline Network Planning*
38	National Energy Administration	February 8, 2017	Science & Technology Document No. 438 〔2017〕 issued by NDRC	*13th Five-Year Plan for Demonstration of Coal Deep Processing Industry*
39	National Development and Reform Commission, National Energy Administration	December 26, 2016	Document No. 2744 〔2016〕 issued by NDRC & NEA	*13th Five-Year Plan for Energy Development*
40	National Development and Reform Commission	December 24, 2016	Document No. 2743 〔2016〕 issued by NDRC & NEA	*13th Five-Year Plan for Petroleum Development*
41	National Development and Reform Commission	December 24, 2016	Document No. 2743 〔2016〕 issued by NDRC & NEA	*13th Five-Year Plan for Natural Gas Development*

Continued

Serial Number	Issuing Authority	Release Time	Reference Number	Document Name
42	National Development and Reform Commission, National Energy Administration	December 22, 2016	Document No. 2714 [2016] issued by NDRC & NEA	*13th Five-Year Plan for Coal Industry Development*
43	National Energy Administration	September 14, 2016	Oil and Gas Document No. 255 [2016] issued by NEA	*Shale Gas Development Plan (2016-2020)*
44	National Development and Reform Commission	January 13, 2016	Price Document No. 64 [2016] issued by NDRC	*Circular on Further Improving the Price Formation Mechanism of Refined Oil*
45	National Energy Administration	April 27, 2015	Coal Document No. 14 [2015] issued by NEA	*Action Plan for Clean and Efficient Use of Coal (2015-2020)*
46	the Communist Party of China Central Committee and the State Council	March 15, 2015	Document No. 9 [2015] issued by the Central Committee of CPC	*Several Opinions on Further Deepening the Reform of the Electricity System*
47	National Energy Administration	October 12, 2014	Coal Document No. 454 [2014] issued by NEA	*Guiding Opinions on Regulating Coal Production and Optimizing Industrial Layout*
48	National Development and Reform Commission	April 29, 2014	Energy Document No. 819 [2014] issued by NDRC	*Action Plan for Upgrading the Quality of Finished Oil Products to Prevent and Control Air Pollution*

ii. Compilation of Key Points of the Policy Documents Related to China's Energy System from 2014 to 2023

1. *Implementation Opinions on Establishing a Coal Production Capacity Reserve System*

Main Objective	· To deepen the structural reform of the coal supply side, innovate the capacity management mechanism, improve the capacity reserve policies, promote coal production capacity to maintain reasonable margin and sufficient flexibility, and enhance capabilities to secure supply.

Key Points	· Initially establishing a coal production capacity reserve system by 2027 to form a dispatchable capacity reserve of a certain scale, and striving to achieve a dispatchable capacity reserve of about 300 million tons per year by 2030; · Deploying 13 key tasks from the three aspects of work rules, management procedures, and supporting policies for constructing capacity reserve coal mines.
Key Measures	· Defining relevant working rules in five stages, including planning, approval, construction, acceptance and production in order to regulate the construction of capacity reserve coal mines; · Proposing the declaration conditions, declaration process, confirmation procedure, activation mechanism and requirements related to the signing of medium-and long-term contracts for capacity reserve coal mines are proposed; · Proposing relevant supporting policies in terms of capacity replacement, overall planning of coal mining areas and handling of planning and environmental assessment procedures, and quota for newly added production capacity.

2. *Circular on Further Accelerating the Construction of Electricity Spot Markets*

Main Objective	· To accelerate the construction of a unified national electricity market system to promote the development of a new type of electric power system that is clean and low-carbon, safe and abundant, economical and efficient, supply-demand coordinated, and flexible and intelligent to effectively facilitate the establishment of a new energy system.
Key Points	· Systematically outlining 15 key tasks, policies and measures in four areas, including further clarifying the guidelines for the construction of the spot market, expanding the scope of operational entities, coordinating the connection of quasi-market mechanisms, and enhancing the operational guarantee capability of the electric power spot market.
Key Measures	· Promoting formal operation of the spot market, expanding the construction scope of the spot market in an orderly manner, accelerating the construction of regional electricity markets, and continuously optimizing the inter-provincial transaction mechanism; · Quickening the pace of allowing various types of power sources to participate in the electric power spot market, continuously expanding the range of user-side entities participating in the market, and encouraging new entities to participate in the electricity market;

Key Measures	· Ensuring proper coordination of spot and medium-to-long term transactions, strengthening the coordination between spot trading and auxiliary services, refining the electricity market pricing system, and exploring the establishment of a capacity compensation mechanism; · Strengthening the foundational support for market construction and operation, standardizing information disclosure practices, enhancing the risk prevention and control capabilities of the electric power spot market, and fully leveraging the role of the Market Management Committee.

3. *Guiding Opinions on Promoting Green, Innovative and High-Quality Development of the Refining Industry*

Main Objective	· To strengthen energy resource conservation, promote green innovation and high-quality development of the refining industry, and to ensure national energy security with the guide of scientific and technological innovation and with the focus placed on supply-side structural reform.
Key Points	· Deploying 17 key tasks in four areas: promoting industrial optimization and upgrading, advancing the efficient use of energy resources, accelerating green and low-carbon development, and strengthening the leadership of scientific and technological innovation.
Key Measures	· Optimizing the capacity structure layout, strictly controlling the new refining capacity, promoting the transformation and upgrading of refineries, accelerating the elimination of backward production capacity, and improving the management of the refining industry; · Strengthening energy efficiency and water efficiency management, promoting system energy optimization, implementing process equipment upgrading, and encouraging resource recycling; · Guiding the refining process to reduce carbon, promoting the recycling of carbon dioxide, supporting hydrogen production to reduce carbon, and exploring the strengthening of carbon emission management; · Optimizing the innovation system and mechanism, strengthening software development and application, developing new refining technologies, and accelerating the research and development of low-carbon technologies.

4. *Power Demand Side Management Measures (2023)*

Main Objective	· To deepen the power demand side management, promote the coordinated interaction of source-grid-load-storage, ensure the safe and stable operation of power, and facilitate the construction of new power system and new energy system.
Key Points	· Systematically designing a total of 54 provisions and specific measures in the 9 chapters of general provisions, electricity conservation, demand response, green electricity, electricity substitution, intelligent electricity, orderly electricity use, safeguard measures, and supplementary provisions.
Key Measures	· Stipulating the scope of application, departmental responsibilities, and the main body of implementation of electric power demand-side management; · Applying policies by industry and promoting electricity conservation and carbon reduction by category in key industries and fields in line with the requirements of the goal of carbon peaking and carbon neutrality; · Clarifying the objectives of demand response capacity building, emphasizing the acceleration of the construction of demand response resource base, and comprehensively promoting the participation of demand-side resources in the normal operation of the electricity market; · Expanding the breadth and depth of electricity substitution, strengthening the exploration and promotion of new modes and new business forms of electricity substitution through market-oriented and intelligent means; · Strengthening the responsibilities and obligations of the main body of green electricity consumption, stimulating the potential of green electricity consumption in the whole society, and promoting the green and low-carbon transition of energy and electricity; · Promoting the integration and application of information and communication technology and electricity consumption technology, innovating electricity consumption management mode, and cultivating new business mode of electricity service; · Regulating the management of orderly electricity consumption, formulating the orderly electricity consumption plan according to the principle of ensuring electricity consumption in key areas and limiting unnecessary electricity consumption, and maintaining smooth and stable supply and consumption of electricity; · Improving the laws and regulations, strengthening the overall planning, perfecting the standard system, optimizing the incentive policy, attaching importance to scientific and technological innovation, consolidating the capacity building, and strengthening international cooperation to guarantee the continuous promotion of demand-side management of electricity.

5. *Opinions on Several Issues Concerning Deepening the Reform of Mineral Resource Management*

Main Objective	· To deepen the reform of mineral resources management, strengthen the domestic exploration and development of important energy and mineral resources and increase their reserves and production, and to implement a new round of strategic actions to achieve breakthroughs in prospecting, thereby ensuring the security of the energy resources industry chain and the supply chain.
Key Points	· Employing 11 key tasks.
Key Measures	· Comprehensively promoting the competitive transfer of mining rights; · Strictly controlling the transfer of mining rights by agreement; · Actively promoting the transfer of "clean mining rights" (mining rights that are offered for transfer or lease with a clear and unobstructed title); · Implementing the same level of management for the registration of the transfer of prospecting rights and mining rights of the same type of mineral; · Opening up the market for oil and gas exploration and exploitation; · Implementing the system of combining oil and gas exploration and exploitation; · Adjusting the valid period of prospecting rights; · Implementing the new classification of mineral resource reserves; · Strengthening the evaluation and filing of mineral resources reserves; · Clarifying the scope and authority of evaluation and filing; · Regulating financially-funded geological surveys.

6. *Circular on Doing a Good Job in Full Coverage of Green Electricity Certificate to Promote Renewable Energy Electricity Consumption*

Main Objective	· To realize full coverage of green certificates for renewable energy power, to promote the consumption of renewable energy power, and to safeguard the consumption of renewable energy power, thereby serving the energy security and securing energy supply and green low-carbon transition.
Key Points	· Deploying fifteen specific tasks in 6 areas, including clarifying the application scope of green certificates, regulating the issuance of green certificates, perfecting green certificate trading, making good use of green certificates, encouraging the consumption of green electricity and strengthening the supervision of green certificates.

Key Measures	· Enhancing the authority, uniqueness and universality of green certificates, and clarifying the application scope of green certificates; · Expanding the scope of green certificate issuance, putting forward specific requirements for different categories, and clarifying the source of issuance information; · Expanding the trading platform for green certificates, clarifying the way of green certificate trading and the beneficiary of green certificate returns; · Supporting green power trading, accounting for renewable energy consumption, certifying green power consumption, coordinating the carbon market, and promoting the international mutual recognition of green certificates; · Publicizing and promoting green certificates, and encouraging all energy-using units in the society to take the initiative to assume the social responsibility of renewable energy power consumption; · Rigorously guarding against, and investigate and deal with falsification and forgery.

7. Guiding Opinions on Deepening Electricity System Reform and Accelerating the Construction of a New Electricity System

Main Objective	· To deepen the electricity system reform, accelerate the construction of a new electricity system that is clean and low-carbon, safe and abundant, economically efficient, coordinated in supply and demand, and flexible and intelligent, promote revolution in energy production and consumption, and safeguard national energy security and the green transition of energy.
Key Points	· Deploying 3 key tasks centering on building a new electricity system.
Key Measures	· Designing a scientific and reasonable path for building the new electricity system, and gradually reducing the proportion of conventional energy sources in a planned and step-by-step manner based on the safe and reliable substitution of new energy sources; · Improving the institutional mechanism to adapt to the new electricity system, and strengthening innovation in electricity technology, market mechanism, and business mode; · Promoting better integration of effective market and proactive government and continuously improving the policy system to offer better basic public services in the electricity sector.

8. *Implementation Opinions on Further Deepening the Reform of the Oil and Gas Market System to Enhance National Capacity to Ensure Oil and Gas Supply and Security*

Main Objective	· To actively and steadily push forward the reform of the upstream, midstream and downstream institutional mechanisms of the oil and gas industry in response to the prominent problems of the oil and gas institutional mechanism, so as to ensure a stable and reliable supply of oil and gas, with the focus placed on the goal of enhancing the country's ability to ensure oil and gas supply security.
Key Points	· Employing 3 key tasks centering on further deepening the reform of the oil and gas market system.
Key Measures	· Deepening the reform of the oil and gas market system, and strengthening the construction of the production, supply, storage and marketing system; · Increasing market supervision, strengthening sub-field supervision and cross-field collaborative supervision, and regulating the order of the oil and gas market to promote fair competition; · Deepening the reform of the oil and gas reserve system to give full play to its capacity for emergency response and regulation.

9. *Opinions on Promoting the Gradual Shift from Dual Control of Energy Consumption to Dual Control of Carbon Emissions*

Main Objective	· To improve the regulation of the total amount and intensity of energy consumption with the focus placed on controlling the consumption of fossil fuels, and gradually shift to a system of dual control of the total amount and intensity of carbon emissions to actively and steadily advance carbon peaking and carbon neutrality in line with the fact that China's ecological civilization construction has entered a critical period in which carbon reduction is the key strategic direction.
Key Points	· Deploying key tasks such as establishing a carbon emission statistical accounting system, a carbon labelling and certification system for products, a carbon footprint management system for products, as well as improving the carbon market trading system and a voluntary greenhouse gas emission reduction trading system.

Key Measures	· Improving the top-level design, establishing and improving the system of laws, regulations and standards for carbon peaking and carbon neutrality; · Relying on the national carbon market and provincial administrative bodies to break down the total carbon emission control target; · Improving the carbon market mechanism and enhancing common awareness of emission reduction; · Strengthening the process supervision of carbon emission reduction work at the provincial level and improving the target assessment system for the "dual control" of carbon emission; · Establishing and improving the mechanism for assessing the implementation of the "dual-control" of carbon emission, and continuously improving the support policies for achieving the "dual-control" of carbon emission targets.

10. *Energy Efficiency Benchmark Levels and Baseline Levels for Key Industrial Areas* (2023)

Main Objective	· To coordinate industrial structure adjustment, promote green development of manufacturing industry, advance clean and low-carbon transformation in industries and other fields, and push forward the transformation and upgrading of traditional industries.
Key Points	· Deploying 5 key tasks around clean and low-carbon transformation in key areas of industry; · Proposing energy-efficiency benchmark level and baseline level indicators for nine major industry categories.
Key Measures	· Expanding the scope of key areas; · Strengthening the guiding role of energy efficiency level; · Promoting transformation and upgrading by category; · Doing a good job in interacting and coordinating; · Perfecting the relevant supporting policies.

11. *Measures for the Collection of Mining Rights Transfer Proceeds*

Main Objective	• To further improve the system of paid use of mineral resources, regulate the management of the collection of the mining rights transfer proceeds, uphold the rights and interests of state as owners over mineral resources, promote the protection and rational use of mineral resources, and promote the healthy and orderly development of related industries.
Key Points	• Systematically designing a total of 37 specific provisions in the six chapters of General Provisions, Transfer Proceeds Collection Methods, Payment and Refund, Convergence of Old and New Policies, Supervision, and Supplementary Provisions.
Key Measures	• Clarifying the definition, scope of application, allocation, division of responsibilities and collection areas for mining rights transfer proceeds; • Making it clear to collect the proceeds according to the rate of transfer proceeds, to reduce the down payment ratio for the proceeds levied in the form of amount, to extend the period of installment payment, and to refine the relevant provisions of the market benchmark price; • Clarifying the transmission mechanism for fee information sources between natural resources and tax departments, stipulating the responsibility of mining rights holders to declare and pay contributions according to facts, and refining the division of responsibilities and work processes for decommissioning; • Classifying and clarifying the collection policy of the transfer proceeds of new and old mining rights; • Clarifying the division of supervision and management responsibilities of financial, natural resources and tax authorities at all levels.

12. *Opinions on Strengthening the Management of Electric Power Reliability*

Main Objective	• To improve China's power reliability management and to ensure reliable power supply, so as to better serve the economic and social development in the new era.

Key Points	· Putting forward 17 key tasks in four aspects to help fully understand the importance of strengthening the management of power reliability.
Key Measures	· Improving the power reliability management system; · Implementing the main responsibilities of power enterprise for reliability management; · Encouraging all sectors of society to actively participate in power reliability management; · Strengthening power reliability information management.

13. *Implementation Plan for Promoting High-Quality Development of New Energy in the New Era*

Main Objective	· To set the goals for China's total installed capacity of wind power and solar power by 2030, and to accelerate building a clean, low-carbon, safe and highly efficient energy system.
Key Points	· Proposing twenty-one specific policy measures in seven aspects to address the difficulties and blocking points in new energy development; · Adhering to the principle of "establishing the new before abolishing the old while prioritizing establishing", and focusing on solving the problem of "establishing" in the new energy sector through a package of policy-supported measures.
Key Measures	· Innovating new energy exploitation and utilization model; · Accelerating the construction of a new electricity system adapting to an increasingly high proportion of new energy; · Deepening the reform of "streamlining administration and delegating power, improving governance, and upgrading services" in the energy sector; · Supporting and guiding the healthy development of the industry; · Securing reasonable space for its development; · Engaging in the benefits of ecological and environmental protection; · Improving related fiscal and financial policies.

14. *Working Guidance for Financial Support for Carbon Dioxide Peaking and Carbon Neutrality*

Main Objective	· To actively build a fiscal and taxation policy system that is conducive to promoting efficient use of resources and green and low-carbon development, and promote a better combination of proactive government and effective market to support the goal of carbon peaking and carbon neutrality achieved as planned.
Key Points	· Continuously enriching fiscal policy tools by 2025, basically forming a fiscal and taxation policy system conducive to green and low-carbon development by 2030, and establishing a mature and sound fiscal support policy system for green and low-carbon development by 2060; · Identifying 6 key directions and areas for support; · Proposing 5 specific fiscal policy measures.
Key Measures	· Supporting the building of a clean, low-carbon, safe and efficient energy system; · Supporting green and low-carbon transformation in key industries; · Supporting green and low-carbon technology innovation and basic capacity building; · Supporting green low-carbon life and resource conservation; · Supporting the improvement of green low-carbon market system; · Strengthening the role of financial funds to support and guide, improving the diversified market-oriented investment mechanism, giving full play to the role of tax policy to motivate and constrain, improving the government's green procurement policy, and strengthening international cooperation in response to climate change.

15. *Circular on Further Improving the Price Formation Mechanism in the Coal Market*

Main Objective	· To guide coal prices to operate within a reasonable range, improve the transmission mechanism for coal and electricity prices, ensure the safe and stable supply of energy, and promote the coordinated and high-quality development of both the upstream and downstream of coal and electricity.

Key Points	· Deploying 3 key tasks to improve the price formation mechanism for the coal market; · Stipulating a reasonable range for the ex-mine prices for medium and long-term trading in major coal production areas.
Key Measures	· Comprehensively adopting measures such as supply-demand coordination, reserve and throughput, import-export regulation, and transport coordination to guide coal prices to operate within a reasonable range; · Improving the transmission mechanism for coal and electricity prices, and guiding the formation of coal and electricity prices mainly through medium-and long-term transactions; · Enhancing the ability of the coal market to regulate demand and supply, strengthening the expectation management of the coal market, and the supervision of the coal and electricity markets.

16. *Opinions on Improving the System, Mechanism, Policies and Measures for Green and Low-Carbon Energy Transition*

Main Objective	· To accelerate the construction of a clean, low-carbon, safe and efficient energy system, and to promote high-quality energy development and comprehensive green transformation of economic and social development, thereby providing support for achieving carbon peaking and carbon neutrality goals and for building a modernized economic system.
Key Points	· Establishing a basic institutional framework for promoting green and low-carbon energy development during the 14th Five-Year Plan period, and a comprehensive system of fundamental institutions and policies for green and low-carbon energy development being in place by 2030; · Proposing 10 key tasks and 35 specific measures to improve the system and mechanisms for the green and low-carbon transition of energy.
Key Measures	· Improving the collaborative advancement mechanism for the implementation of national energy strategies and planning; · Enhancing the system and policy framework to guide green energy consumption; · Establishing a new mechanism for energy development and utilization oriented towards green and low-carbon goals; · Refining the construction and operational mechanisms of the new electricity system;

Key Measures	• Improving the mechanism for clean and efficient development and utilization of fossil fuels; • Strengthening the supply security system for the green and low-carbon transition of energy; • Establishing a scientific and technological innovation system to support the green and low-carbon transition of energy; • Developing a fiscal and financial policy guarantee mechanism to support the green and low-carbon transition of energy; • Promoting international cooperation on the green and low-carbon transition of energy; • Perfecting the governance mechanism related to green and low-carbon development of energy.

17. *14th Five-Year Plan for Modern Energy System*

Main Objective	• To accelerate the construction of a modern energy system, ensure national energy security, to strive to achieve carbon peaking and carbon neutrality as planned, and to promote high-quality economic and social development.
Key Points	• Pushing forward the construction of a modern energy system from the three aspects of enhancement in the security and stability of the energy supply chain, green and low-carbon transformation of energy production and consumption, and promotion of the modernization level of the energy industrial chain.
Key Measures	• Strengthening strategic security guarantee, improving operation security, and strengthening emergency security control; • Vigorously developing non-fossil energy and promoting the construction of a new electricity system; • Reducing the carbon footprint of the energy industry and improving the "dual controls" over energy intensity and gross energy consumption and carbon emission control system; • Reasonably allocating energy resources; • Making an overall plan to improve regional energy development and actively promote rural energy reform; • Promoting the modernization level of the energy industry chain; • Boosting energy governance effectiveness; • Building a new pattern of open and mutually beneficial international cooperation in the energy sector.

18. *Guiding Opinions on Accelerating the Construction of a Unified National Electricity Market System*

Main Objective	· To establish a unified national electricity market system to achieve sharing and mutual assistance of electricity resources in a broader scope and to optimize allocation, enhance the stability and flexibility of the power system, and promote the formation of a new electricity system that adapts to China's national conditions and has stronger new energy consumption capacity.
Key Points	· Establishing a preliminary national unified electricity market system by 2025, and a national unified electricity market system fundamentally being in place by 2030, with the electric power resources further optimized across the country; · Outlining 20 specific tasks in five areas: improving the multi-level unified electricity market system, enhancing the function of the unified electricity market system, strengthening the trading mechanisms within the unified electricity market system, enhancing comprehensive planning and scientific regulation of electricity, and establishing market mechanisms suitable for the new electricity system.
Key Measures	· Accelerating the construction of the national electricity market, steadily promoting the development of provincial/regional electricity markets, guiding the coordinated operation of electricity markets at all levels, and orderly advancing the open cooperation between inter-provincial and inter-regional markets; · Continuously pushing forward the construction of medium-and long-term electricity markets, actively and prudently promoting the construction of electricity spot markets, continuously improving the electricity ancillary services market, and cultivating diverse competitive market entities; · Standardizing and unifying basic market trading rules and technical standards, improving the electricity pricing mechanism, ensuring efficient coordination of market-based transactions and dispatch operations, and strengthening information sharing and disclosure; · Perfecting the electricity planning system adapted to a marketized environment, improving the modern electricity market regulatory system, establishing a sound electricity market credit system, and enhancing the electricity emergency supply guarantee mechanism; · Enhancing the adaptability of the electricity market to a high proportion of new energy, establishing power generation capacity cost recovery mechanisms based on local conditions, exploring the launch of green electricity trading, and perfecting the market-oriented trading mechanisms for distributed power generation.

19. *Comprehensive Work Plan for Energy Conservation and Emission Reduction During the 14th Five-Year Plan Period*

Main Objective	· To vigorously promote energy conservation and emission reduction, accelerate the development of a green and low-carbon circular economic development system, and advance the green transformation of economic and social development in all respects.
Key Points	· Focusing on major industries and key links, and deploying 10 key projects for energy conservation and emission reduction; · Improving energy conservation and emission reduction policy mechanisms in eight aspects.
Key Measures	· Advancing energy conservation renovation and deep treatment of pollutants in key industries; · Promoting the overall optimization of energy systems and comprehensive pollution remediation in industrial parks; · Advancing green planning, green construction, and green operation and management in cities and towns in all respects; · Promoting energy conservation and emission reduction in transport and logistics; · Advancing energy conservation and emission reduction in agriculture and rural areas; · Enhancing energy efficiency of public institutions; · Strengthening pollution control in key regions; · Promoting the clean and efficient use of coal; · Strengthening comprehensive treatment of volatile organic compounds; · Upgrading environmental infrastructure.

20. *Action Plan for Electricity Production Safety during the 14th Five-Year Plan Period*

Main Objective	· To firmly establish the governance philosophy of "security is technology, security is management, security is culture and security is responsibility", continuously improve the national level of electric power production safety, and ensure the safe and stable operation of the power system as well as reliable power supply.

Key Points	· Establishing a fundamental framework for quantitative evaluation indicators in power production safety supervision and management by the end of 2025, substantially improving the electricity safety governance system, and significantly enhancing the modernization level of governance capabilities; · Proposing 9 primary tasks and 16 key actions.
Key Measures	· Actions for the construction of a policy and regulatory system for safe electricity production; · Actions for the establishment of quantitative evaluation indicators system; · Actions to improve the operation safety of power grids; · Special actions to construct a safety technology system for the new electricity system; · Special actions to strengthen the safety management of new energy sources; · Special actions to strengthen the safety management of conventional power generation; · Special actions to enhance the safety management of hydroelectric dams; · Actions to improve the safety level of electric power construction projects; · Actions to enhance the security protection capability of electric power monitoring systems; · Actions to improve the foundational capabilities of network and information security; · Special actions for the construction of an electricity emergency response system; · Actions for the modernization of electricity emergency response capabilities; · Actions against violations in electricity production safety; · Actions to build a safety education and training system; · Promotion actions for the construction of high-quality safety culture projects; · Electric power safety audit actions.

21. *Action Plan for Carbon Dioxide Peaking Before 2030*

Main Objective	· To carry out the work related to peaking carbon dioxide emissions in a vigorous, orderly and effective manner, accelerate the shift to more environmentally friendly living patterns and modes of production, and ensure that the goal of carbon dioxide peaking by 2030 is achieved as planned.

Key Points	• Putting forward the main objectives in the following three aspects: to raise the share of non-fossil fuels in total energy consumption, to enhance energy utilization efficiency, and to reduce the level of carbon dioxide emissions, with the focus placed on the two key periods of the 14th Five-Year Plan and the 15th Five-Year Plan to achieve carbon dioxide peaking; • Deploying and implementing "10 major peaking carbon dioxide emissions actions".
Key Measures	• Action for green and low-carbon energy transition; • Action for saving energy conservation, mitigating carbon emissions and improving efficiency; • Action for peaking carbon dioxide emissions in industrial sectors; • Action for peaking carbon dioxide emissions in urban-rural development; • Action for promoting green and low-carbon transportation; • Action for promoting circular economy in carbon mitigation purpose; • Action for advancing green and low-carbon technology innovation; • Action for consolidating and enhancing carbon sink; • Action for green and low-carbon society; • Action for promoting peaking carbon dioxide emissions hierarchically and orderly in all regions.

22. *Working Guidance for Carbon Dioxide Peaking and Carbon Neutrality in Full and Faithful Implementation of the New Development Philosophy*

Main Objective	• To expedite the formation of resource-saving and Eco-friendly industrial structures, production modes, lifestyles and spatial configuration, to stay committed to a green, low-carbon and high-quality development path that gives primacy to ecological civilization, and to ensure that the carbon dioxide peaking and carbon neutrality goals are achieved as planned.
Key Points	• Putting forward thirty-one key tasks in ten areas, and defining the road map for peaking carbon dioxide emissions and achieving carbon neutrality with the application of systematic thinking.

Key Measures	· Promoting comprehensive green transformation in economic and social development; · In-depth industrial restructuring; · Accelerating the construction of a clean, low-carbon, safe and efficient energy system; · Accelerating the construction of a low-carbon transportation system; · Improving the quality of green and low-carbon development in urban and rural constructions; · Strengthening research on green and low-carbon technologies and promoting their application; · Continuing to consolidate and improve carbon sink capacity; · Promoting a green and low-carbon mode of opening up; · Improving laws, regulations, standards, statistical and monitoring systems; · Improving policy mechanisms.

23. 14th Five-Year Plan for Renewable Energy Development

Main Objective	· To optimize and upgrade the energy industrial structure, further improve the cleanness, efficiency and flexibility of coal-fired power units, and promote the clean and low-carbon transformation of the power industry.
Key Points	· Anchoring the goals of carbon peaking and carbon neutrality by setting 4 key targets and deploying major tasks from the five aspects of supply, consumption, technology, system, and international cooperation.
Key Measures	· Optimizing the development mode and insisting on developing renewable energy according to actual conditions with ecology priority; · Promoting storage and consumption with a high proportion of renewable energy utilized; · Insisting on being innovation-driven and developing renewable energy of high-quality; · Improving the system and mechanism, and developing renewable energy in a market-oriented manner; · Adhering to openness and integration, and deepening international cooperation in renewable energy.

24. *Guiding Opinions on Accelerating the Establishment and Improvement of a Green and Low-Carbon Circular Economic System*

Main Objective	· To promote high-quality development and high-level protection as a whole, and to establish and improve a green and low-carbon circular economic system to ensure the realization of the goal of carbon peaking and carbon neutrality, and thereby elevating China's green development to a new height.
Key Points	· Initially forming a green, low-carbon and circular production system, circulation system and consumption system by 2025; · Basically achieving the goal of building a beautiful China by 2035; · Making deployment and arrangements for green, low-carbon and circular development in the six aspects of production, circulation, consumption, infrastructure, green technology, as well as laws, regulations and policies, and defining 85 key tasks.
Key Measures	· Improving the green, low-carbon and circular production system; · Improving the green, low-carbon and circular circulation system; · Improving the green, low-carbon and circular consumption system; · Speeding up the green upgrading of infrastructure; · Building a market-oriented green technology innovation system; · Improving the system of laws, regulations and policies.

25. *Basic Rules for Medium-and Long-term Electricity Trading*

Main Objective	· To standardize the medium-and long-term electricity trading, safeguard the legitimate rights and interests of the electricity market entities according to law, and promote the construction of a unified and open electricity market system with orderly competition.
Key Points	· Systematically designing 128 specific rules in the twelve chapters of general principles, market participants, market registration, changes and cancellations, trading varieties and methods, pricing mechanisms, trading organization, safety verification, contract signing and execution, metering and settlement, information disclosure, market supervision and risk control, and supplementary provisions.

Key Measures	· Clarifying the definition, scope of application, organization and implementation of medium-and long-term transactions; · Defining the rights and obligations of various market members, and clarifying the basic conditions and related procedures for market access and exit; · Stipulating the conditions and procedures of market registration, change and cancellation business; · Defining the trading varieties applicable to the rules, and clarifying the trading methods of each variety; · Stipulating the price mechanism for different trading methods where the transaction price of medium-and long-term electricity trading should be formed by market entities through bilateral consultation, centralized trading and other market-oriented methods; · Clarifying the subject matter and procedures of different trading methods such as annual (multi-year) trading, monthly trading and intra-month (multi-day) trading; · Clarifying the functional division and workflow of the trading organization and the dispatching organization in the security check; · Standardizing the contract signing and implementation of enterprises; · Stipulating the basic requirements for the metering devices of market entities, and clarifying the settlement process; · Defining the public information, market public information and private information by category, and standardizing the disclosure requirements; · Clarifying the responsibilities of different regulatory agencies and the scope of application of market interventions.

26. Implementation Opinions on Promoting the Independent and Standardized Operation of Electricity Trading Institutions

Main Objective	· To establish an electricity trading framework with diversified entities and orderly competition, and to develop an electricity price mechanism that meets market demands.
Key Points	· Fundamentally establishing an efficient and collaborative national unified power trading organization system with standardized entities, comprehensive functions and diverse varieties by the end of 2025; · Deploying 7 key tasks to promote the independent operation of power trading institutions in accordance with the law.

Key Measures	• Further clarifying the functional positioning of trading institutions, market management committees and dispatching institutions; • Improving the procedure for formulating electricity trading rules; • Accelerating the shareholding reform of trading institutions; • Standardizing the personnel, assets and financial management of trading institutions; • Making joint efforts to organize and implement power market transactions; • Enhancing the information sharing and security assurance mechanism; • Strengthening the construction of a specialized regulatory system.

27. *Measures for the Administration and Supervision of Fair Access to Oil and Gas Pipeline Network Facilities*

Main Objective	• To improve the utilization efficiency of oil and gas pipeline facilities to promote safe and stable supply of oil and gas, standardize the opening up of oil and gas pipeline facilities, and safeguard the legitimate rights and interests of operators and users of oil and gas pipeline facilities.
Key Points	• Designing a total of 42 specific provisions in eight chapters from the four aspects of institutional foundation, basic principles, solutions and strengthened supervision.
Key Measures	• Making provisions for strengthening overall planning, encouraging investment in infrastructure construction, enhancing connectivity, achieving independent accounting and operation of pipeline facilities, and reducing intermediate links in oil and gas supply, which lays the institutional foundation for the fair opening of oil and gas pipeline facilities; • Clarifying the basic principles of fair opening, stating that operators of oil and gas pipeline facilities should provide services to users who meet the open conditions without discrimination; • Introducing new clauses around issues critical to fair opening such as service application and acceptance, information disclosure, and reform of natural gas metering and pricing methods, and specifying solutions to key issues; • Intensifying regulation of the fairness of open services, and focusing on information and credit supervision, coordinating measures including on-site supervision, coordination and mediation, complaint reporting, regulatory notifications, and accountability.

28. *Circular on Establishing and Improving the Guarantee Mechanism for Renewable Energy Power Consumption*

Main Objective	· To establish and improve the guarantee mechanism for renewable energy power consumption, promote the development and utilization of renewable energy, and accelerate the construction of a clean, low-carbon, safe and efficient energy system.
Key Points	· Proposing 13 specific provisions, including the determination of renewable energy power consumption responsibility weight and the calculation method for consumption volume, as well as that the consumption responsibility weight is determined according to provincial administrative regions (covering both renewable energy and non-hydropower renewable energy).
Key Measures	· Setting renewable energy power consumption responsibility weights for electricity consumption; · Defining the consumption responsibility weights by provincial-level administrative regions; · Putting forward that provincial energy authorities take the lead in assuming responsibility for the implementation of consumption responsibility weights; · Proposing that power selling enterprises and electricity users jointly undertake the consumption responsibility; · Proposing that grid enterprises bear the organizational responsibility for implementing the consumption responsibility weights in their operating areas; · Ensuring the coordination of consumption responsibility weights and electricity trading; · Defining the method for calculating consumption volumes; · Defining monitoring, calculating, and trading of consumption volumes; · Ensuring timely submission of information related to renewable energy power consumption; · Stipulating that provincial energy authorities are responsible for assessing market entities that undertake the consumption responsibility; · Stipulating that the state monitors and evaluates according to provincial-level administrative regions; · Stating that excess consumption volumes will not be included in the 13th Five-Year Plan Period energy consumption assessment; · Strengthening supervision over the implementation of consumption responsibility weights.

29. *Implementation Opinions on the Reform of the Oil and Gas Pipeline Network Operation Mechanism*

Main Objective	· To promote the establishment of an oil and gas market system with multiple suppliers and channels for upstream oil and gas resources, efficient centralized transportation through a unified pipeline network, and full competition in downstream sales markets, and to enhance the efficiency of oil and gas resource allocation to ensure the secure and stable supply of oil and gas.
Key Points	· Putting forward several suggestions on promoting the reform of the operation mechanism of oil and gas pipeline networks.
Key Measures	· Establishing an oil and natural gas pipeline network company with state-owned capital holding and diversified investment entities, engaging in the investment, construction, and operation of main oil and gas pipeline networks, gas storage, peak shaving and other infrastructures, and being responsible for the connectivity of the trunk pipeline network and its connection with social pipelines, as well as for the operation and scheduling of the oil and gas pipeline networks across the country.

30. *Implementation Opinions on Further Promoting Governance by Law in the Energy Industry*

Main Objective	· To balance the relationship between energy legislation and development and reform, strive to achieve modernization of the energy governance system and governance capacity, and provide legal guarantees for advancing the revolution in energy production and consumption, and for building a clean, low-carbon, safe and efficient energy system.
Key Points	· Fundamentally establishing an energy regulatory system by 2020, and a comprehensive energy legal and regulatory framework having been in place by 2025, thereby achieving modernization of the law-based governance system and governance capacity; · Clarifying 7 primary tasks for promoting energy governance by law.

Key Measures	· Actively advancing energy legislation and improving the energy legal system; · Standardizing decision-making procedures for administration in accordance with the law and strictly implementing transparent law enforcement; · Taking multiple measures to promote legal awareness and to create a favorable atmosphere for rule of law in the energy sector; · Ensuring smooth access to rights relief channels to protect the legitimate rights and interests of administrative counterparts; · Strengthening the management of legality and building a fair market rules system; · Deepening the reform of "streamlining administration, delegating powers, improving governance, and upgrading services" to regulate the operation of power; · Enhancing the construction of the rule of law team to improve the level of legalization in the energy industry.

31. *Several Opinions on Promoting the Coordinated and Stable Development of Natural Gas*

Main Objective	· To effectively resolve the imbalances and inadequacies in natural gas development, ensure rapid domestic reserve increase and production enhancement, maintain a basic balance between supply and demand, ensure safe and efficient operation of facilities, provide strong support for residential gas consumption, and further improve the market mechanism to achieve healthy, orderly, safe and sustainable development of the natural gas industry.
Key Points	· Deploying ten key tasks from the two aspects of strengthening the construction of production, supply, storage and marketing system and deepening the reform in the field of natural gas.
Key Measures	· Increasing domestic exploration and development efforts; · Improving the diversified overseas natural gas supply system; · Constructing a multi-level reserve system; · Strengthening the construction and connectivity of natural gas infrastructure; · Establishing a forecasting and early warning mechanism for natural gas supply and demand; · Establishing a comprehensive coordination mechanism for natural gas development; · Establishing and improving the natural gas demand-side management and a peak-shaving mechanism; · Establishing a sound emergency response system for natural gas supply security; · Improving the natural gas price mechanism; · Enhancing the safe operation mechanism of the entire natural gas industry chain.

32. Circular on Rationalizing the Gate Price of Natural Gas for Residential Use

Main Objective	· To further deepen the reform of resource product pricing, fully leverage the market's decisive role in resource allocation, and promote the construction of the natural gas production, supply, storage, and sales system as well as the industry's sustained and healthy development.
Key Points	· Deploying 4 key tasks; · Publishing the benchmark gate price list for natural gas in various provinces (autonomous regions and municipalities).
Key Measures	· Rationalizing the gate price of gas for residential use and establishing an elastic pricing mechanism that reflects supply and demand changes; · Implementing seasonal differential price policies to encourage market-based transactions; · Rationally guiding the terminal sales prices and strictly controlling the magnitude of price adjustments; · Providing appropriate subsidies to low-income groups to ensure basic livelihood.

33. Opinions on Accelerating the Construction of Gas Storage Facilities and Improving the Market Mechanism for Gas Storage and Peak-Shaving Services

Main Objective	· To accelerate the construction of the natural gas production, supply, storage, and sales system, make up for the shortcomings in gas storage and peak shaving, and form a flexible and efficient gas storage and peak shaving system with clarified responsibility, multiple participators, shared costs, and smooth mechanism.
Key Points	· Proposing specific objectives for the construction of gas storage capacity by the government, gas supply enterprises and urban gas enterprises in 2020; · Deploying 11 key tasks across five aspects.

Key Measures	· Strengthening planning and coordination to establish a multi-level gas storage system; · Constructing a standardized market-based peak-shaving mechanism; · Developing a gas storage and peak-shaving ancillary services market; · Enhancing market supervision to create a standardized and orderly market environment; · Improving the tracking and scheduling of gas storage and peak-shaving capacity building, and implementing interviews, accountability and joint punishment for those who fail to make progress or engage in illegal and dishonest behaviors.

34. *Opinions on Further Advancing the Merger, Reorganization, Transformation and Upgrading of Coal Enterprises*

Main Objective	· To promote coal enterprises to accelerate mergers and acquisitions, restructuring, and deep integration of upstream and downstream, and to significantly improve the scale, intensity and modernization level of coal mines, therefore achieving transformation and upgrading of the coal industry.
Key Points	· Striving to establish several billion-ton coal enterprise groups with strong international competitiveness across the country, and developing and cultivating a number of modern coal enterprise groups by the end of 2020; · Proposing 4 main approaches and 12 specific policy measures to promote the merger, reorganization, transformation and upgrading of coal enterprises.
Key Measures	Main Approaches: · Supporting mergers and reorganizations among coal enterprises with favorable conditions; · Supporting the development of coal-electricity joint ventures; · Supporting mergers and reorganizations between coal enterprises and coal chemical enterprises; · Supporting mergers and reorganizations of coal enterprises with other related industrial enterprises. Policies and Measures: · Supporting disposal of land and mineral resources; · Improving approval conditions for new coal mine projects; · Enforcing strict safety, environmental protection regulations, quality standards, and technical specifications;

Key Measures	· Strengthening policy guidance on integrity and trustworthiness for coal enterprises; · Implementing management of the list of key entities and main enterprises for mergers and reorganizations; · Supporting market financing and asset-liability restructuring for enterprises undergoing mergers and reorganizations; · Applying prudent credit policies and related industrial policies, and strengthening bond risk prevention for coal enterprises that do not meet long-term development conditions and are key targets for mergers and reorganizations.

35. *Working Plan for Improving the Compensation (Market) Mechanism for Electricity Auxiliary Services*

Main Objective	· To further implement various measures for electricity system reform, restore the commodity attributes of electricity, build an effective competitive market structure and market system, and optimize resource allocation on a larger scale.
Key Points	· Proposing three-phase goals for comprehensively advancing the compensation (market) work for electric power ancillary services; · Deploying 17 key tasks from three aspects: improving the existing relevant rules and regulations, establishing a mechanism for sharing the burden of electric power users involved in medium-and long-term electricity transactions participating in electric power ancillary services, and promoting compensation for inter-provincial and inter-regional electricity ancillary services by type.
Key Measures	· Achieving full coverage of electricity ancillary service compensation projects, ensuring that all generator sets dispatched by electric power dispatching institutions of provincial-level and above are included in the management scope of electricity ancillary service, implementing science-based compensation for electricity ancillary services, encouraging the use of competitive methods to determine the units undertaking electricity ancillary services, promoting compensation for automatic generation control and peak-shaving services based on effectiveness, and expanding the provision entities of electricity ancillary services as needed;

Key Measures	· Increasing the participation of electricity users in electricity ancillary services, stipulating different ways for electricity users to participate in electricity ancillary services and the corresponding cost-sharing mechanisms; · Advancing the compensation work for ancillary services in national mandatory plans and local government agreements for cross-provincial and cross-regional electricity transactions, and fully implementing compensation for cross-provincial and cross-regional electricity ancillary services in market-oriented cross-provincial and cross-regional electricity transactions.

36. *Several Opinions on Deepening the Reform of Oil and Gas System*

Main Objective	· To establish a sound, competitive, law-abiding and effectively regulated oil and natural gas system to achieve the organic unity of national interests, corporate interests and social benefits.
Key Points	· Deploying key reform tasks covering 8 aspects.
Key Measures	· Refining and orderly opening up the oil and gas exploration and extraction sector, and enhancing the capacity for continuous resource security; · Improving oil and gas import and export management policies, and enhancing the ability to utilize international and domestic resources and capabilities for market risk prevention; · Reforming the operation mechanism of oil and gas pipeline networks, and enhancing the capacity for intensive transportation and fair service; · Deepening reform in competitive links of the downstream, and improving the production and supply capacity of high-quality oil and gas products; · Reforming the pricing mechanism of oil and gas products, and effectively unleashing market vitality in competitive segments; · Deepening reform of state-owned oil and gas enterprises, and fully releasing the vitality of key oil and gas enterprises; · Improving the oil and gas reserve system, and enhancing the strategic security supply capacity of oil and gas; · Establishing a sound oil and gas safety and environmental protection system, and enhancing the safe and clean operation capability across the entire industry chain.

37. *Medium-and Long-Term Oil and Gas Pipeline Network Planning*

Main Objective	· To vigorously develop natural gas pipeline networks, optimize and improve crude oil and refined oil pipelines, enhance the capacity of reserve and peak-shaving facilities, improve the level of intelligence in system operation, and focus on building a safe and efficient modern oil and gas pipeline network that is rationally distributed, widely covered, externally connected and internally smooth.
Key Points	· The scale of the national oil and gas pipeline network reaching 169,000 kilometers by 2020, expanding to 240,000 kilometers by 2025, and a modern oil and gas pipeline system being in place by 2030; · Proposing five planning layouts and six safeguard measures.
Key Measures	· Expanding the "Belt and Road" import channels; · Strengthening the fundamental natural gas pipeline network; · Improving the layout of crude oil pipeline channels; · Optimizing the structure of the refined oil pipeline network; · Accelerating the construction of oil and gas reserve facilities and peak-shaving facilities.

38. *13th Five-Year Plan for Demonstration of Coal Deep Processing Industry*

Main Objective	· To strengthen independent innovation of coal deep processing, accelerate the industrialization of advanced technologies, promote the construction of major demonstration projects, and cultivate the coal deep processing industry as an important part of China's modern energy system.
Key Points	· It was estimated that by 2020, the coal-to-oil production capacity would reach thirteen million tons per year, the coal-to-natural gas production capacity would be seventeen billion cubic meters per year, and the low-rank coal utilization capacity would be fifteen million tons per year; · The focus would be on demonstrating upgrades to general technical equipment and the five models of coal-to-oil, coal-to-natural gas, low-rank coal quality-based utilization, coal-to-chemicals, and comprehensive utilization of coal and petroleum; · 6 safeguard measures are proposed.

Key Measures	· Strengthening regulation and guidance; · Optimizing the environment for independent innovation; · Promoting fair market access; · Researching and improving support policies; · Accelerating the development of standard systems; · Enhancing international exchanges and cooperation.

39. *13th Five-Year Plan for Energy Development*

Main Objective	· To comprehensively advance the revolution in energy production and consumption, strive to build a clean, low-carbon, safe and efficient modern energy system, and provide solid energy support for building a moderately prosperous society in all respects.
Key Points	· Proposing the main objectives for energy development in 2020; · Deploying 30 key tasks from seven aspects: focusing on optimizing the energy system, promoting energy consumption revolution, advancing energy supply revolution, driving energy technology revolution, fostering energy system revolution, strengthening international energy cooperation, and achieving shared energy development; · Putting forward 8 safeguard measures from three aspects: improving the legal and regulatory framework of energy, refining fiscal and tax investment policies of the energy sector, and enhancing the implementation mechanism of energy planning.
Key Measures	· Optimizing the layout of energy development, strengthening the peak-shaving capacity of the power system, implementing projects to enhance energy demand response capabilities, carrying out multi-energy complementary integrated optimization projects, and actively promoting the development of "Internet plus" smart energy; · Implementing dual control of total energy consumption and intensity, initiating actions to reduce coal consumption, expanding the natural gas market, implementing electric energy substitution projects, carrying out special actions for upgrading the quality of refined oil products, and innovating energy use models for production and daily life;

Key Measures	· Focusing on resolving and preventing excess capacity, promoting sustainable development of non-fossil energy, solidifying the supply foundation of oil and gas resources, and addressing deficiencies in energy infrastructure; · Enhancing the capability of scientific and technological innovation, advancing the research and development of key technologies and equipment, and implementing demonstration projects for scientific and technological innovation; · Improving the modern energy market, advancing the energy price reform, deepening the electricity system reform, promoting the oil and gas system reform, and strengthening the capacity for energy governance; · Promoting connectivity of energy infrastructure, increasing international cooperation on technology, equipment and production capacity, and actively participating in global energy governance; · Improving the energy infrastructure for residential use, precisely implementing energy poverty alleviation projects, enhancing the general service level in the energy sector, and vigorously developing clean energy in rural areas.

40. *13th Five-Year Plan for Petroleum Development*

Main Objective	· To enhance domestic exploration and development, improve and optimize the pipeline network layout, strengthen technological innovation, and build a modern petroleum industry system that is safe, stable, open, competitive, green, low-carbon and coordinated, thereby ensuring the sustainable development of economy and the society.
Key Points	· Putting forward the targets for the 13th Five-Year Plan period in terms of reserve, oil supply and infrastructure capacity; · Specifying ten key tasks in six areas: enhancing exploration and development to ensure domestic resource supply, advancing the construction of crude oil and refined oil pipelines, accelerating the development of petroleum reserve capabilities, adhering to economical use of oil, vigorously developing clean alternative energy sources, strengthening technological innovation, and increasing the degree of self-reliance in equipment manufacturing.

Key Measures	· Strengthening basic geological surveys and resource evaluation to enhance oil reserves and ensure stable production; · Advancing the construction of crude oil pipelines and accelerating the construction of refined oil pipelines; · Speeding up the establishment of national oil reserve bases, steadily implementing reserve planning, and improving the oil reserve system; · Improving energy efficiency in the petroleum industry, increasing the commodity rate of crude oil, continuously promoting energy-conservation in key areas such as industry, transportation and construction, and enhancing energy efficiency of end fuel products and promoting the key energy-consuming industries to benchmark and reach the standard; · Vigorously promoting the clean substitution of fuel oil with electricity and natural gas, pushing forward coal-to-oil and coal-to-gas industry demonstrations, and fostering the development and utilization of biomass energy; · Leveraging the leading role and dominant position of enterprises in innovation, strengthening basic research, enhancing original innovation, integrated innovation and re-innovation after introduction and digestion, and developing a batch of major equipment supporting the development of deep water, deep layer and unconventional oil and gas resources.

41. *13th Five-Year Plan for Natural Gas Development*

Main Objective	· To innovate institutional mechanisms, coordinate development in a balanced manner, aim to increase the proportion of natural gas in the primary energy consumption structure, vigorously develop the natural gas industry, gradually cultivate natural gas as one of the main energy sources, and build a safe and reliable modern natural gas industrial system with a reasonable structure, and coordinated supply and demand.
Key Points	· Putting forward the goals for reserves, supply capacity, infrastructure, and market system development during the 13th Five-Year Plan period; · Identifying 12 key tasks in four areas: enhancing exploration and development to increase domestic resource supply, accelerating the construction of natural gas pipelines, speeding up the building of storage facilities to improve peak-shaving capacity, and cultivating the natural gas market and promoting its efficient use.

Key Measures	· Strengthening basic geological surveys and resource evaluation, accelerating the increase of conventional natural gas production, while focusing on breakthroughs in unconventional natural gas such as shale gas and coalbed methane; · Improving the 4 major import channels, enhancing the main pipeline transmission capacity, and strengthening the construction of regional networks and interconnected pipelines; · Focusing on promoting the construction of natural gas storage and peak-shaving capabilities, advancing the construction of LNG receiving stations and distribution facilities; · Implementing gasification projects in key areas for air pollution control, natural gas power generation and distributed energy projects, gasification projects in the transportation sector, and conservation and substitution projects.

42. *13th Five-Year Plan for Coal Industry Development*

Main Objective	· To focus on resolving the excess capacity of coal, adjusting industrial structure, optimizing layout, promoting clean, efficient and low-carbon development, strengthening scientific and technological innovation, and deepening institutional reforms, and to strive to build an intensive, safe, efficient and green modern coal industry system to achieve a historical leap from large to strong in the coal industry.
Key Points	· Fundamentally establishing a modern coal industry system that is intensive, safe, efficient and green by 2020; · Deploying 10 key tasks.
Key Measures	· Optimizing the production development layout; · Accelerating the optimization and upgrading of coal structure; · Promoting clean coal production; · Encouraging the clean and efficient utilization of coal; · Enhancing safety assurance capabilities; · Strengthening coal technology innovation; · Accelerating the development of the coalbed methane industry; · Deepening reforms in the coal industry; · Developing the coal service industry; · Advancing comprehensive international cooperation.

43. *Shale Gas Development Plan (2016-2020)*

Main Objective	· To develop and improve shale gas development technologies and management models that are safe, environmentally friendly, economical, and tailored to China's characteristics, and significantly increasing the production of shale gas to make it a vital component of China's natural gas supply.
Key Points	· Striving to achieve a shale gas production of 30 billion cubic meters by 2020, and between 80 billion to 100 billion cubic meters by 2030; · Deploying 4 key tasks and proposing 5 safeguard measures.
Key Measures	· Vigorously advancing scientific and technological research; · Implementing stratified exploration and development; · Strengthening the construction of national shale gas demonstration zones; · Improving infrastructure and market systems; · Enhancing resource survey and evaluation, intensifying key technological research, promoting institutional mechanism innovation, increasing policy support, and establishing a rolling adjustment mechanism.

44. *Circular on Further Improving the Price Formation Mechanism of Refined Oil*

Main Objective	· To further improve the refined oil price mechanism and further promote market-oriented pricing.
Key Points	· Proposing 8 specific measures from three aspects: improving the formation mechanism of refined oil prices, issuing the *Petroleum Price Management Measures*, and completing related supporting work.
Key Measures	· Setting a lower limit for refined oil price regulation, establishing a risk reserve fund for oil price regulation, liberalizing the factory-gate prices of liquefied petroleum gas, and simplifying the operation methods of refined oil price adjustments; · Releasing the *Petroleum Price Management Measures*, systematically designing twenty-two specific measures and regulations in the five chapters of general principles, price setting and adjustment, information dissemination, price supervision and inspection, and supplementary provisions; · Ensuring market supply, maintaining market order, and strengthening market monitoring.

45. *Action Plan for Clean and Efficient Use of Coal (2015-2020)*

Main Objective	· To accelerate the development of efficient coal-fired power generation and upgrade transformations, implement coal-fired boiler improvement projects, focus on promoting the graded and quality-based cascade utilization of coal, and advance the comprehensive utilization of waste materials, thereby achieving clean and efficient use of coal.
Key Points	· The national raw coal selection rate reaching over 70% by 2017, and preliminary achievements made in the industrialization demonstration of modern coal chemical industry; the raw coal selection rate exceeding 80% by 2020, and phased results achieved in the industrialization demonstration of modern coal chemical industry, and constructing a number of demonstration projects for clean and efficient utilization of coal; · Deploying 7 key tasks.
Key Measures	· Promoting coal washing and upgrading to enhance the quality of coal products; · Developing ultra-low emission coal-fired power generation to accelerate the upgrading and transformation of active coal-fired units; · Transforming and upgrading traditional coal chemical industries to steadily advance the development of modern coal chemical industries; · Implementing coal-fired boiler enhancement projects to promote the application of high-efficiency energy-saving and environmentally friendly boilers; · Carrying out the stratified utilization of coal by quality and grade to improve the comprehensive utilization efficiency of coal resources; · Increasing efforts to make the civilian scattered coal use cleaner and to reduce direct combustion of scattered coal; · Advancing the resource utilization of waste materials to reduce pollutant emissions.

46. *Several Opinions on Further Deepening the Reform of the Electricity System*

Main Objective	· To further deepen the electricity system reform to address the prominent contradictions and deep-seated issues that restrict the scientific development of the power industry, promote the sound and rapid development of the power sector, and push forward structural transformation and industrial upgrading.

Key Points	· Deploying 28 key tasks from seven aspects.
Key Measures	· Orderly advancing electricity price reform and improving the electricity price forming mechanism; · Promoting the reform of the power trading system and improving the market-based trading mechanisms; · Establishing relatively independent power trading institutions to create a fair and standardized market trading platform; · Advancing the reform of the power generation and consumption plans, allowing the market mechanism to play a greater role; · Steadily pushing forward the reform on the selling side, and orderly opening up the electricity sales business to social capital; · Opening up equitable access to the grid and establishing a new mechanism for the development of distributed energy sources; · Strengthening the overall planning and scientific regulation in the electricity sector to enhance the safety and reliability of the power supply.

47. *Guiding Opinions on Regulating Coal Production and Optimizing Industrial Layout*

Main Objective	· To vigorously regulate the total amount of coal, optimize industrial layout, promote the coal industry out of difficulties, and promote the long-term healthy development of the coal industry.
Key Points	· Deploying 8 key tasks.
Key Measures	· Optimizing the layout of new projects; · Strictly controlling the approval of new capacity projects; · Severely dealing with illegal projects under construction; · Strengthening the management of existing production capacity; · Accelerating the elimination of outdated production capacities; · Guiding enterprises to organize production in an orderly manner; · Enhancing the quality management of commercial coal; · Deepening the reform of coal enterprises.

48. *Action Plan for Upgrading the Quality of Finished Oil Products to Prevent and Control Air Pollution*

Main Objective	· To solidly and effectively advance the upgrading of national refined oil quality to promote the scientific and orderly development of the refining industry.
Key Points	· Clarifying the specific targets for upgrading the quality of refined oil products from 2014 to 2017, with the estimation that direct emissions of sulfur dioxide would be reduced by 112,000 tons by the end of 2017 after all refineries had completed their quality upgrades; · Deploying 27 key tasks in eight major areas.
Key Measures	· Accelerating the upgrade of oil quality to complete the established tasks on schedule; · Increasing the intensity of technological transformation to improve the overall level of the industry; · Prioritizing supply in key areas to achieve primary goals as scheduled; · Ensuring the supply of clean oil products based on the national market demand; · Optimizing the refining capacity structure to promote industrial transformation and upgrading; · Clarifying the upgrading requirements for enterprises and strictly enforcing safety and environmental protection requirements; · Fulfilling responsibilities and strengthening industry supervision and management; · Establishing a collaborative mechanism between different levels and improving the implementation of supporting measures.

Declaration and Acknowledgement

In order to further implement the new strategy for energy security, the Institute of Resource and Environmental Policy of the Development Research Center of the State Council has commissioned a group of senior specialists and scholars in the energy sector to analyze and summarize the progress and achievements of China's energy system revolution since 2014, to systematically sort out a series of new practices and new directions in the in-depth promotion of the energy system revolution towards "marketization, rule of law, internationalization and digitalization". They thoroughly researched and analyzed some typical cases, and finally offered the report *Progress Report on China's Energy Revolution: Energy System Revolution (2024)*. We hope that the book can provide valuable references for further advancing the new strategy for China's energy security, and related studies.

We would like to express our heartfelt gratitude to the relevant departments, research institutes, universities, industrial associations, enterprises, international organizations and many experts for their strong support and great help for this study.

Special acknowledgment goes to the following academicians for their conscientious guidance and great contribution to the compilation of the *Progress Report on China's Energy Revolution: Energy System Revolution (2024)*: (In the order of number of strokes in the Chinese surname character)

MA Yongsheng　YU Junchong　MAO Jingwen　LIU He
TANG Guangfu　SUN Youhong　SUN Lili　DU Xiangwan
LI Yang　LI Huajun　ZHANG Laibin　WU Qiang　JIN Zhijun
ZHOU Xiaoxin　ZHAO Xiangeng　HAO Fang　HE Kebin
JIA Chengzao　GAO Deli　GUO Xusheng　GUO Jianbo
HUANG Xiaowei　KANG Hongpu　XIE Heping

We would like to thank the following experts for their inputs in the revision of the *Progress Report on China's Energy Revolution*: *Energy System Revolution* (*2024*) and their contributions during the drafting:

ZHANG Yuqing SUN Yaowei TANG Jinrong KANG Chongqing
YING Guangwei ZHANG Lizi ZHANG Gang ZHANG Shaohua
HE Runmin HE Chunlei AN Fengquan CHEN Yun
XIA Wenbo SONG Lianchang ZHANG Daoyong SONG Chang
CHEN Shanshan YANG Ping YANG Xunying FENG Kuo FENG Fan
WANG Xiaofei TANG Yining ZHANG Zui QI Ben XU Jie
HUANG Shilong WANG Yanzhe WU Dingwen SUN Jiayue